高等院校电子商务职业细分化创新型规划教材

U0739996

微店

设计与装修

林海 徐林海 | 主编

刘飒 张劲珊 余航 崔慧勇 | 副主编

沈凤池 | 主审

人 民 邮 电 出 版 社

北 京

图书在版编目（CIP）数据

微店设计与装修 / 林海，徐林海主编. -- 北京：人民邮电出版社，2017.8（2022.2重印）
高等院校电子商务职业细分化创新型规划教材
ISBN 978-7-115-45691-5

Ⅰ.①微… Ⅱ.①林…②徐… Ⅲ.①网络营销－高等学校－教材 Ⅳ.①F713.365.2

中国版本图书馆CIP数据核字(2017)第117958号

内 容 提 要

　　微店设计与装修的目的是吸引顾客，让顾客对店铺中的商品感兴趣，提高店铺商品的成交率。为了帮助相关从业者和学习者实现这一目标，本书以图文并茂的形式详细介绍微店应该如何设计、布局、配色与装修，具体内容包括：微店设计与装修的入门知识与准备工作，微店视觉营销三大要素——色彩、文字与版式，商品图片处理两大利器——手机美图秀秀与 Photoshop，微店页面设计装修实操，微店商品管理与营销管理，服饰微店设计装修案例实操，数码微店设计装修案例实操，母婴微店设计装修案例实操，以及美食微店设计装修案例实操等。借助本书，即便是刚上手的微店卖家，也能迅速掌握微店设计与装修的方法与技巧。

　　本书适合想开微店的读者，以及微店美工图像处理人员、平面广告设计人员、网络广告设计人员等学习，也可作为大中专院校电子商务相关专业和电商培训机构的教材。

◆ 主　　编　林　海　徐林海
　　副 主 编　刘　飒　张劲珊　余　航　崔慧勇
　　主　　审　沈凤池
　　责任编辑　朱海昀
　　责任印制　焦志炜

◆ 人民邮电出版社出版发行　　北京市丰台区成寿寺路 11 号
　　邮编　100164　　电子邮件　315@ptpress.com.cn
　　网址　https://www.ptpress.com.cn
　　涿州市京南印刷厂印刷

◆ 开本：700×1000　1/16
　　印张：13.25　　　　　　　　　　2017 年 8 月第 1 版
　　字数：280 千字　　　　　　　　2022 年 2 月河北第 7 次印刷

定价：49.80 元

读者服务热线：(010)81055256　印装质量热线：(010)81055316
反盗版热线：(010)81055315
广告经营许可证：京东市监广登字 20170147 号

前言 PREFACE

编写目的

中国互联网络信息中心（CNNIC）发布的第38次《中国互联网络发展状况统计报告》显示，截至2016年6月，中国网民规模达7.1亿人，其中手机端网民规模达5.6亿人。2015年，中国移动互联网市场规模达到30794.6亿元人民币，比上一年增长129.2%。预计到2018年，中国移动互联网市场规模有望达到76547亿元人民币。2015年，移动购物依然是中国移动互联网市场中占比最高的部分，占比达到67.4%。微店系统作为移动端购物的载体平台，越来越受到移动商务企业的重视。

随着智能终端和移动互联网的快速发展，微店商家越来越多，产品和服务的同质化也越来越严重。要想在众多店铺中脱颖而出，吸引消费者的关注和浏览，微店卖家就必须在微店的设计和装修上花心思、下功夫。

移动终端用户的浏览习惯、使用时间和时长都和PC端用户有很大的区别，且移动终端屏幕展现的信息有限，这也极大地影响了用户的购买决定。如何在有限的手机屏幕上显示用户最需要的店铺和商品信息，如何通过巧妙的图片处理和灵活的色彩搭配为店铺吸引种子用户，如何通过优惠券、满减打折、轮播广告等多种促销方式的综合应用为店铺带来更多流量，如何在碎片化的使用场景下通过店铺的设计刺激消费者购买……诸如此类问题我们会在本书中一一讲解。

内容安排和特色

为实现本书在微店设计与装修讲解上的权威性与实用性，编写团队联合长期致力于实践教育教学研究服务的南京奥派信息产业股份公司，并特别邀请了多位资深微店设计师，精心策划和编写了本书。本书共分为10章，内容包括：微店设计与装修基础知识，微店装修前期的准备工作，微店视觉营销的三大要素，商品图片处理两大利器，微店页面设计装修实操，微店商品管理与营销管理，以及服饰、数码、母婴、美食微店设计装修案例实操。

本书主要特色如下。

● 案例主导、学以致用：本书以微店设计与装修案例为主导，核心内容包括不同类别的实操案例，案例制作简单、快捷，而且都根据读者的学习习惯进行了优化，力求给读者带来全新的学习体验，帮助读者学以致用。

● 重在实操、资源丰富：本书编写遵循理实一体化的理念。书中呈现的店标、广告图片、商品图、文案等微店必备要素，以及微店页面整体视觉效果，均通过奥派微店设计与装修实训软件呈现。同时，奥派在线教育平台吐司（www.tothink.cn）为本书所阐述的内容提供了教案、微课、案例、实训指导手册等立体化的学习资源。本书配套了PPT、素材和效果文件，读者可以登录人邮教育社区（www.ryjiaoyu.com）免费下载使用。此外，本书针对重点实操内容配备了相应的操作视频，以二维码的形式嵌入书中，读者可以通过移动终端设备扫描观看。

● 全彩印刷、品相精美：为了让读者更直观地观察图像效果，对照相应软件深入学习，本书特意采用全彩印刷，版式精美，让读者在赏心悦目的阅读体验中快速掌握微店设计与装修的各种技能。

致谢

本书由林海、徐林海担任主编，由沈凤池担任主审，由刘飒、张劲珊、余航、崔慧勇担任副主编，参与编写的还有戴倩倩、刘志铭、吴海兵。尽管编者在编写过程中力求准确、完善，但书中难免有疏漏与不足之处，恳请广大读者批评指正。

编 者
2017年4月

目录 CONTENTS

第1章

初识微店设计与装修

学习目标

❶ 认识微店设计装修及其必要性。

❷ 了解移动端店铺装修与PC端店铺的区别。

❸ 熟悉常见的微店平台。

❹ 了解微店装修的重点以及常见的误区。

图1-1所示为经过设计与装修的微店首页案例效果。

图1-1　微店首页装修案例

1.1 认识微店设计装修及其必要性

微店，又称移动端店铺，是一种能够让人们在手机APP里浏览的同时进行购买，且通过各种移动支付手段进行支付完成交易的手机**APP**平台。

与PC端的网店相比，移动端店铺由于受到手机屏幕大小的限制，店铺承载的信息有限，且用户使用移动端店铺多在碎片化的时间，因此移动端店铺的设计和装修就显得尤为重要。如何在有限的手机屏幕空间里呈现最有效的店铺和商品信息，最大化店铺流量获取，是微店商家成功的关键。良好的店铺装修，不仅可以美化店铺，还可以给顾客留下深刻的印象，从而增加顾客的购买欲望。下面将从三个方面详细介绍微店装修的必要性。

1. 对品牌进行有效识别

简单的商品介绍和随意的商品摆放使得顾客不知道这个店铺卖的是什么品牌的商品。即便真有顾客购买，该微店也会因为看起来很不专业而导致商品卖不出高价钱，还会影响品牌的口碑。相反，装修过后的店铺特色鲜明，如图1-2所示。在该微店首页的装修图片中可以提取出很多重要信息——店铺的名称、**Logo**、店铺配色风格、店铺活动、推荐商品等。这种特色便是店主塑造店铺品牌的一张"王牌"，能够起到品牌识别的作用。

图1-2 某微店首页

2. 方便顾客寻找所需的商品信息

一般来说，如果店铺没有进行合理的设计和装修，商品分类就会比较杂乱，如图1-3所示。这样，顾客在浏览商品时就容易眼花缭乱，没办法轻松、愉悦地找到自己所需的商品信息。这不但浪费顾客的时间，还有可能使没有耐心的顾客放弃选购。店主也会因此失去很多成交的机会，同时失去很多潜在的长期客户。

图1-3　某微店商品分类杂乱

3. 提高店铺的销量

如果店铺没有装修，就会给人一种单调、杂乱、不专业的感觉，这势必会影响顾客的购买欲望，如图1-4所示。反之，如果店铺经过精心装修，那么当顾客进入店铺时，就会因为漂亮、美观、专业的装修而增加对店铺的好感，从而更容易达成交易，如图1-5所示。

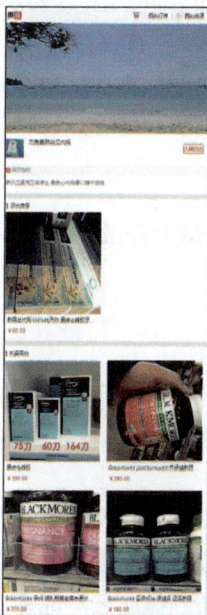

图1-4　没有装修的微店首页　　图1-5　装修过的微店首页

另外，只是浏览商品而暂时没有购买需求的顾客也会因为如此漂亮的装修而产生将这个店铺收藏起来的冲动，这样你的店铺在无形中就多了一位潜在顾客。

1.2 移动端店铺装修与PC端店铺装修的区别

关于网店店铺装修，移动端与PC端有很大的不同。现在越来越多的买家由PC端转移到移动端，卖家们应该要有意识地为顾客们制造一个良好的移动端购物环境。下面将介绍移动端店铺装修与PC端店铺装修的区别。

1．点击率的不同

在正常情况下，移动端的点击率相当于PC端点击率的5倍左右，移动端热门类目的点击率甚至更高。主要原因在于：PC端的可视范围较大，消费者容易被其他因素分散注意力；移动端的可视范围小，商品集中，有助于提高商品销量。

2．访客深度与时长的不同

移动端店铺不分时段和场合，有些"90后"买家有半夜逛微店的习惯。卖家不能放过任何提高销量的机会，推广投放时段可选智能化均匀投放，同时调整不同时间段商品的折扣。

3．转化形式的不同

PC端转化形式普遍为买家问东问西，甚至还会向卖家讨要赠品或折扣、砍价等情况，而移动端更多的是静默转化，即在不询单的情况下直接在后台下单购买。

针对这种现象，卖家应该在商品详情页上多花点心思，注意详情页的细节、主图、模特图，给予买家最想知道的商品信息。

4．排名的不同

PC端展示的广告位虽然比移动端要多，但流量太分散；而移动端展示位较少，流量集中，所以商品排名靠前，点击率也会增多。

1.3 常见的微店平台

微店是零成本开设的小型网店，是电子商务创业的新模式，具有零成本、没库存、没物流的优势，也弥补了创新工场等互联网孵化器仍需要较高门槛的遗憾。

对于创业者而言，微店所有商品由供应商发布到微店云产品库，创业者无须到线下寻找货源，而是直接在云产品库中挑选商品进行线上或线下销售。微店平台拥有现成的正品商城，创业者无须招聘专业的设计师装修店铺，且发货和售后服务均由供应商负责，无须操劳、费心。

对于消费者而言，微店平台是一个新型的电子商务平台，主要基于微信，同时兼有PC端综合性购物网站功能。它实现了消费者随时随地购物的灵活性，并且通过当今最有传播性和影响力的交流工具——微信来完成购物流程，支付方式安全快捷，有保障、无风险。下面将简要介绍一些常见的微店平台。

1.3.1 微店网

微店网（http://www.okwei.com）由深圳市云商微店网络技术有限公司运营，是全球第一个云销售电子商务平台。微店网的上线标志着个人网商群体的真正崛起，如图1-6所示。

图1-6 微店网首页

微店网是"微店概念"的原创和推行者，微店的核心模式是"云销售"。注册用户（即微店主）拥有整座商城的销售权，商城的产品由进驻微店网的供应商提供。云销售的模式把电子商务的分工细化，为商家建立销售的渠道，商家负责提供商品及服务，省去了推广、宣传的工作和花费；商家为微店主提供推广的资源，微店主负责推广，省去了货源、物流、服务的麻烦。图1-7所示为微店网的官方APP，登录个人微信，通过扫描二维码即可下载。

图1-7 微店网官方APP

▶▶ 1.3.2 口袋购物微店

口袋购物微店（http://weidian.com）是由北京口袋时尚科技有限公司开发，帮助店主在手机开店的软件。口袋购物微店主要是面向网络小店主推出的开店软件，其最大的优势就是没有任何门槛，不收取任何费用，而且操作非常简单，如图1-8所示。

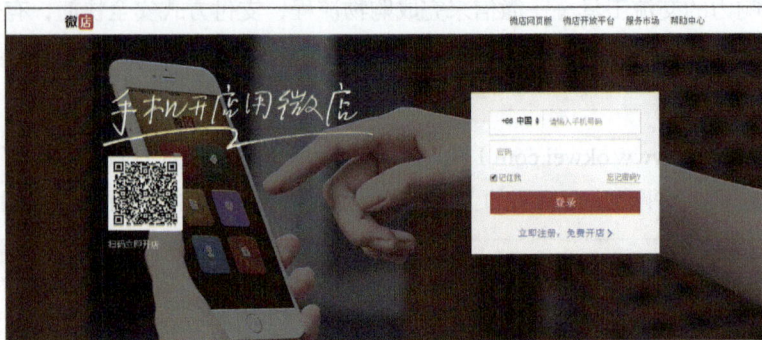

图1-8　口袋购物微店首页

口袋购物公司非常重视微店，对微店不断进行更新改进，使其功能日趋完善，而且已经将口袋购物作为微店的导流入口。目前，口袋购物微店已经有拥有5千万个店铺，海量的商家，近14亿件商品，这些构成了微店生态圈极其重要的一环。

▶▶ 1.3.3 微信小店

2014年5月29日，微信公众平台宣布正式推出"微信小店"，将形形色色的小店搬进微信里，如图1-9所示。"微信小店"的开通方式很简单，只要是已经获得了微信认证的服务号，即可自助申请。

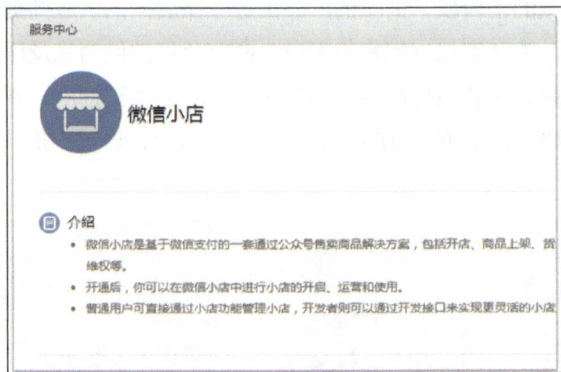

图1-9　微信小店

"微信小店"基于微信支付来通过公众账号售卖商品，可实现包括开店、商品上架、货架管理、客户关系维护、维权等功能。商家通过"微信小店"功能也可为用户提供原生商品详情体验，货架也更简洁。

目前，微信小店不收取任何费用，但商家在开微信小店之前要开通微信支付功能，而微信支付要缴纳两万元的保证金。而且微信小店只能用微信支付进行，不能使用支付宝、信用卡等其他支付方式。这对个人和小商家来说，无疑是一个比较高的门槛。

对微信官方而言，"微信小店"将丰富微信和微信支付的应用场景。商家在微信中搭建自己的电商平台，将有助于其扩展微信公众账号的业务范围。

目前已开通"微信小店"的公众账号包括"好药师""美丽说"等。以"好药师"为例，买家关注"好药师"的微信公众账号后，进入"微信小店"，就能看到商家所售卖的药品种类和商品，并使用微信支付进行购买，如图1-10所示。

图1-10　"好药师"微信小店

▶▶ 1.3.4　微盟旺铺

微盟旺铺（http://www.weimob.com）是一个专门针对微信公众账号提供营销推广服务的第三方平台，是目前国内最大的微信开发服务商，如图1-11所示。微盟的主要功能是针对微信商家公众号提供与众不同的、有针对性的营销推广服务。

图1-11　微盟首页

通过微盟，用户可以轻松管理自己的各类微信信息，对微信公众账号进行维护，开展智能机器人、在线发优惠券、抽奖、刮奖、派发会员卡、打造微官网、开启微团购等多种活动。

>> 1.3.5 有赞

2014年11月27日，微电商"口袋通"更名为"有赞"，是帮助商家在微信上搭建微信商城的平台，提供店铺、商品、订单、物流、消息和客户的管理模块，同时还提供丰富的营销应用和活动插件。有赞致力于打造"微商城系统+服务商平台+分销平台"，并启用全新域名"http://youzan.com"上线，如图1-12所示。

图1-12　有赞微商城首页

有赞微商城提供的是底层整套的店铺系统，它和微信（微博）并没有直接联系。不过，通过把微信（微博）账号绑定到有赞微商城店铺上，微信（微博）成为客户的店铺面向粉丝的重要出口。

如果有微信公众号，客户就可以向粉丝推送图文消息，引流到客户的有赞微商城店铺。如果客户的公众号具备自定义菜单权限，就可以直接把菜单链接到客户的店铺。

如果没有微信公众号，只有个人账号，客户在有赞微商城建好店铺后，就可以将客户店铺的页面（包括店铺首页、商品页等）分享到客户的朋友圈，客户的好友看到后就可访问客户的店铺，进行购买。

除了提供一个店铺系统必备的功能外，有赞微商城还开发了很多好玩的营销应用，客户可以使用这些应用和粉丝互动，开展营销活动。

为保障店铺和消费者的权益，有赞微商城提供了个人认证、企业认证和微店认证3种认证方式，商家可根据实际情况随意选择。

1.4 微店装修的要点

无论是实体店还是微店，装修是否能吸引顾客的眼球、是否能突出自己产品的特色，都是至关重要的。所以，在确定装修风格之前，每个店家需要认真思考这些问题。下面将从三个方面讲解微店装修的要点。

1.4.1　微店整体色调的选择

在微店中，店铺的色彩搭配直接影响顾客对店铺的第一印象。无论是首屏海报还是整体页面视觉上，想要做到首先引人注目，进而吸引人点击，就要注意页面色调的整体性、统一性。页面用色上要善于运用同类色和互补色进行搭配，以及注意页面配色的使用占比，主色的使用占比一般是整个页面的70%，辅助色为25%左右，还有一个我们称为点缀色或者提亮色的占比为5%左右。

不同颜色的微店装修画面都带有同一色彩倾向，这样的色彩现象就是色调。色调的表现在于给人一种整体的感觉，或突出青春活力，或突出专业销售，或突出童真活泼等。

如何选择和确定微店装修的色调呢？我们可以从店铺中销售的商品的色彩入手，也可以根据店铺装修确定的关键词入手，例如，确定微店装修的风格为可爱童装，就可以选择粉色、蓝色等一些纯度和明度较高的色彩来对装修的图片进行配色，如图1-13所示。

图1-13　童装微店首页配色案例

由于促销或商品更新等因素，店主在对店铺页面进行更新时，其背景和色彩有时候可能需要随着商品的更新进行调整。只有这样，商品图片和页面色彩才能重新达到和谐、统一，同时顾客才能看出它的与众不同，不容易产生视觉疲劳。

1.4.2　页面结构要符合顾客浏览习惯

装修微店店铺时，要注意图片和文字的比例。因为在移动端的分辨率差异，用户的浏览习惯与PC端有所不同。要保证手机店铺的浏览体验，在装修微店店铺时，图片大小最好控制在最长边不超过640像素，这样在移动端的图片效果呈现就比较良好。

此外，文字要尽量精简，具有引导性，提高买家访问深度。同时，减少跳失率也不能完全靠店铺文案来实现，基本功才是关键，店家还是要做好服务和产品。

》》 1.4.3 微店商品主图的设计

很多时候我们都是因为对单个商品感兴趣而进入店铺的，而单个商品在众多搜索出来的商品中是以主图的形式，也就是橱窗照的形式进行展示的。店铺想要提高成交转化率，主图是核心影响因素。图片除了要展现卖点外，也要具有一定的视觉效果，才能吸引消费者浏览。下面将详细介绍主图设计时应该考虑的问题。

1. 产品是否有独树一帜的卖点

产品卖点可以从价格优势，质量以及是否包邮等角度去思考。能推动成交转化的主图，都是寄托产品卖点而设计的。所以如果没有达到让消费者眼前一亮的效果，往往就会影响主图的点击率。

图1-14所示的产品卖点等优势都已通过文字体现，但整体看并不协调。产品主图不能用色过多，即使这张主图有卖点文案，但是因为用色的原因，看上去并没有多大吸引力。

与上面的案例相比，图1-15所示的主图虽然用色显眼，但因为文案字体与背景颜色比较协调，巧妙地给人和谐感，而且如果产品具有价格优势，在文案上体现其实是种很聪明的手法。消费者在选购商品时内心都有一个价格区间，如果你的产品外形、功能都符合他的要求，那么价格就是你的产品脱颖而出的优势。

图1-14 用色过多主图案例　　　　图1-15 用色和谐主图案例

2. 主图不是越简单越好

对于"主图是不是越简单越好"这个问题，其实要根据产品类目及店铺的情况的不同而定。如果你的产品有明显的优势，可能主图只需要体现一个卖点就足够了；但如果是跟同行的产品差不多，恨不得把所有卖点挤在一张图上，也不会去管视觉是否协调、整洁了。

如图1-16所示，因为是品牌老店，可能有老客户保证销量，但实际上这张主图对于引流新客户非常不利。从图中可以看出，卖家用了这么多标语就是为了说明这个产品价格是值得消费者信赖的，但由于字体过多，其实消费者反而会忽视卖家想要体现的卖点，而只会想到这家比起同行价格高太多，图上的文字根本没能使消费者产生共鸣。

假设吸奶器的卖点是顺丰包邮、赠品多，那就可以尝试在主图上将两者结合后设计，让顾客看到主图就能判断是否符合自己的购买需求，而进一步引导顾客继续浏览宝贝其他方面的因素。但如果抓住了卖点，却没有好好运用设计手法，展示出来的效果就如图1-17所示，凌乱分不清主题，产品图片的选用也过于随便。

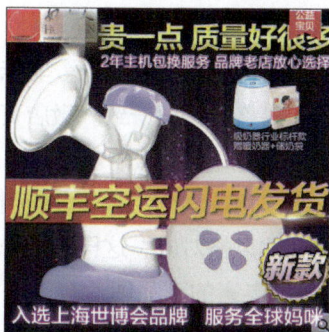

图1-16　字体过多主图案例　　　　图1-17　主题凌乱主图案例

总的来说，如果要提高点击转化率，促进产品销量，卖点的提炼以及怎样运用好设计手法将两者结合起来也至关重要。主图背景颜色的选用既要亮眼，又不能夺走产品的关注点。整体文案的放置也要规整、不凌乱，中心主题明确。

1.5 微店装修中的常见误区

在网上可以看到很多店主的微店装修得非常漂亮，有些店主甚至找专业人士装修店铺。但是我们通过对几十家微店首页装修的分析，发现95%的微店普遍存在的问题是：不知道为谁而装修，首页罗列一堆的产品图片，生怕访客看不到店铺的产品，恨不得把所有的产品都放到首页。面对形形色色的店铺装修行动，稍不小心就进入了装修的误区，下面将介绍微店装修过程中常见的误区。

1．水印尺寸不合理

商家为了避免盗图的情况出现，通常都会在商品图片上添加水印，但是如果不能准确地把握好水印的大小，就会削弱商品的表现力，形成喧宾夺主的情况。微店中的商品图片一般宽度不超过640像素，水印一般是小的矩形，建议长度在150像素以内，高度在50像素以内。如果图片水印是长条水印或者其他的外形，可以在Photoshop软件中修改图片水印的大小。

2. 页面布局设计过于复杂

店铺装修布局设计切忌繁杂，不要把店铺设计成门户类网站。虽然把店铺做成大网站看上去比较有气势，使人感觉店铺很有实力，但可能影响了买家的使用。不合理或者复杂的布局设计会让人眼花缭乱。因此，不是所有可装修的地方都要装修或者必须装修，局部区域不装修反而效果更好。

总而言之，要让买家进入店铺首页或者商品详情页以后，就能够较顺利地找到自己所要的商品信息，就能够快捷地看清商品的详情。

3. 色彩搭配太多

有些店主会把店铺的色彩搭配得鲜艳华丽，把界面做得五彩缤纷。实际上，为了打造出视觉营销效果，在装修手机微店店铺时，色彩、风格应该要一致。微店页面的整体色彩效果应该是和谐的，只有局部的、小范围的地方可以有一些强烈的色彩对比。

在色彩的运用上，可以根据微店的需要，分别采用不同的主色调。店铺的产品风格、图片的基本色调、公告的字体颜色最好与店铺的整体风格对应，这样做出来的整体效果和谐统一，不会让人感觉很乱。那些色彩过于刺眼、丰富的商品图片容易造成消费者的反感，因此在装修微店时应该采用统一的浅色系。浅色系不会太刺眼，容易让消费者接受。

4. 详情页面中的模特图片过多

有的店家喜欢用模特对商品进行展示，因为模特图片可以真实地反映出商品的大小、外观等，让商品的表现更加真实。但殊不知在详情页面中使用过多的模特图片会让详情页面中的信息过载，给顾客造成信息重复的假象。一个商品只要能从几个重要的方位展示即可，在设计详情页面时要注意把握住信息表现的节奏，切忌因为投顾客所好而加大某个方面信息的表现，进而导致不能获得最佳的效果。须知设计中任何的信息都要适可而止。

5. 图片过多、过大

在有些店铺的首页装修页面中，店标、公告及栏目分类等全部都使用图片，而且这些图片非常大。虽然图片会使店铺更美观，却使买家浏览的速度变得非常慢，这导致店铺的栏目半天都看不到，或者是重要的公告也看不到，这样就会让买家失去等待的耐心，从而造成顾客的流失。

课后思考题

1. 微店依托于手机或平板电脑等移动终端，屏幕较小，导致浏览面积和视觉冲击力都会受到一定的限制，那么在微店装修时整体的色调该如何进行选择和确定呢？

2. 移动端店铺装修与PC端店铺装修主要有哪些区别？

第2章

微店装修前期的准备工作

① 了解如何选择摄影器材和摄影环境。

② 掌握多角度拍摄商品的方法。

③ 熟练掌握不同品类商品的拍摄技巧。

④ 了解拍摄注意事项和后期修片原则。

图2-1所示为通过数码相机拍摄微店商品的图片效果。

图2-1　拍摄微店商品图片

2.1　拍摄微店商品图片

微店店铺与传统店铺最大的区别就是没有实物，一切都在虚拟的世界里完成交易。网上买家对物品的第一印象就来自于卖家放在微店店铺上的图片，因此商品的图片对于卖家来说至关重要。

》 2.1.1 摄影器材的选择

俗话说，"巧妇难为无米之炊"。要想拍出漂亮、真实且有细节的图片，就需要相应的器材来配合。拍摄器材的选择是很重要的，其中最重要的标准是适当，并不是说越高端的设备就越好，只有和微店的商品相得益彰，才是最适合的。

1. 相机

现在市面上的相机基本上分为两种类型。一种是现在家庭常用的数码相机，也就是我们常说的卡片机。这种相机操作简单，可以自动调节曝光程度，适合没有什么拍摄基础的普通用户，因此这种相机也被称为"傻瓜相机"。

现在的数码相机一般都在1000万像素之上，在正常情况下可以拍摄出清晰的图片，基本上可以满足微店的拍摄需要。如果是大件的服装之类的商品，不需要过多展示细节的话，普通数码相机完全可以满足需求，而且相对于专业的相机来讲其成本要低很多，完全符合实用的原则，如图2-2所示。

另一种相机则是专业拍摄使用的单反相机。单反相机在需要拍摄高清和近距离的照片时具有普通数码相机无法比拟的优势，适合拍摄小物件的商品和需要展示精美细节的图片。单反的使用需要一定的操作技巧，且价格比普通数码相机要高出很多，可以根据实际情况适当使用，如图2-3所示。

图2-2 普通数码相机　　　　　图2-3 单反相机

2. 灯光

光线对图片的效果影响是至关重要的，适当的光线会让图片看起来更清晰、更舒适。可以说，摄影本身就是光的艺术。白天可以根据自然光拍摄，也可以在室内利用灯光达到预期的效果。室外的光线一般不容易控制，常常会造成一定程度的曝光，因此一般的拍摄是在室内进行的。

数码相机一般都有内置闪光灯，有时内置闪光灯不能满足技巧拍摄的需要，这时就需要使用外置闪光灯来调节出适当的光线效果。同时，还可以借助一些设备，利用光的反射和折射来调节光线的强弱。图2-4所示使用的反光伞就是室内拍摄常用的反光设备之一。

图2-4　反光设备

3. 三脚架

三脚架属于专业的拍摄设备，一般情况下，普通用户在拍照时很少使用三脚架。一方面，三脚架移动和携带起来相对不方便；另一方面，如果不需要大量和高质量的拍摄，三脚架就显得不是那么必要。

然而，对于微店卖家而言，有时需要一次性拍摄大量的图片，手持相机的稳定性难以保证，在一定程度上会影响图片的质量。并且，微店卖家对商品的拍摄基本上都是静态的，不需要过多的移动，这种情况下使用三脚架可以在一定程度上提高图片的拍摄质量。

如今市面上的三脚架相对来说价位比较低，且大多数单脚架的高度都可以伸缩，使用起来相当方便。越来越多的摄影爱好者为了提高拍摄水准，保证拍摄质量，都开始使用三脚架来辅助拍摄了。市面上也出现了各种各样的特色鲜明的三脚架。如图2-5所示，从左到右分别为普通的三脚架、变形金刚三脚架和重型八爪鱼三脚架，用户摄影时根据自己的需要和喜好进行选择即可。

图2-5　三脚架

▶▶ 2.1.2　摄影环境的选择

摄影环境对摄影效果的影响是不言而喻的。一般来讲，至少需要注意以下几个方面。

（1）不能在阳光照射下拍摄。在阳光下拍摄的照片很有可能曝光过度，而且很有可能会产生色差。前面所说的在自然光下拍摄，指的是在房屋等物体在阳光照射下投射出的阴凉地带拍摄，这样的光线下才比较容易拍摄出合适的作品。

（2）拍摄商品时，一般需要一些其他的物件来衬托，以免单件物品显得单调。但选取的衬托颜色不要太过复杂，应注意图片整体颜色的协调一致，如图2-6所示。

图2-6 使用物件衬托商品

（3）如果选择在室内拍摄，最好使室内的颜色不要太杂乱，一般情况下白色的墙壁是最好的背景，当然白纸或者自制一个简易的摄影棚也是不错的选择。图2-7所示为不同形式的简易摄影棚。

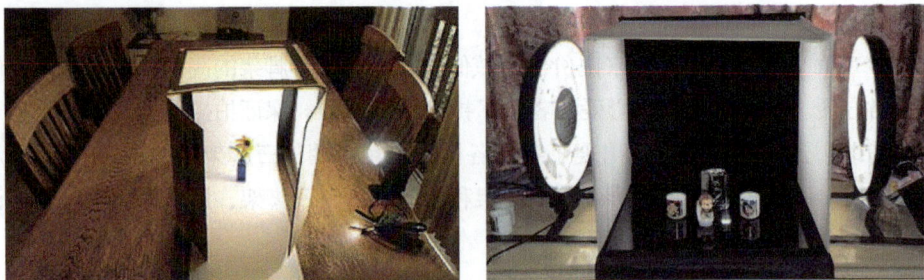

图2-7 简易摄影棚

（4）如果需要拍摄的商品颜色比较浅，则需要深色的背景或衬托物品。这样才能较好地展现商品的风采，拍出来的画面也才会更加立体、真实，如图2-8所示。

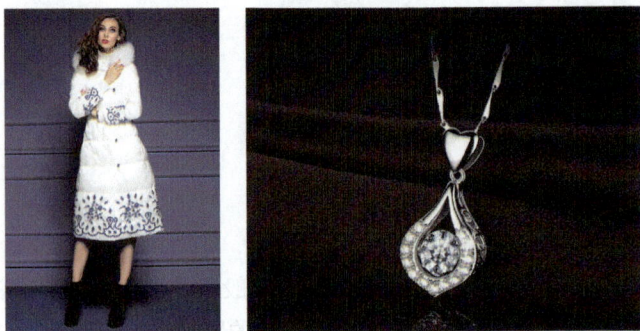

图2-8 拍摄浅色商品效果

2.1.3 多角度、重细节地拍摄商品

有些卖家可能拍摄过很多商品，但它们很可能都是一种风格，所以看多了就会给人一种一成不变的感觉。因此，应该在拍摄中不断尝试新的拍摄方法或情调，为自己的商品增添光彩。例如，可以分别拍摄一些商品的全景、特写镜头或单个、多个商品等。

图2-9所示为一组磨砂马鞍女包的照片，如果只有一张图片的话，买家很难了解商品的做工、样式，而配合后面三张图片，女包的全貌从多个角度得以展现，包包的材质、款式细节和设计感也被表现了出来，使商品更加吸引人。

图2-9　多角度拍摄效果

2.1.4 不同品类商品的拍摄技巧

对于微店销售的不同类型的商品，在拍摄方法、拍摄技巧上也各不相同。下面针对几类商品详细介绍相应的拍摄方法与技巧，以供拍摄商品图片时参考。

1．服装类商品拍摄方法

据了解，服装是所有物品中最容易拍摄的一类物品，也是特点最容易表现的物品。在拍摄服装类商品时，一般选择两种拍摄方式：真人试穿和平铺。

一般真人试穿拍摄建议在户外进行，因为户外的光线比较好，拍摄出来的照片色彩还原度也比较高，图片看上去更加真实可信，如图2-10所示。

图2-10　户外拍摄服装

　　在衣服平铺或者使用衣架辅助拍摄时，最好选择墙壁或木质的地板为背景，这样拍摄出来的衣服不会显得呆板，同时可以让衣服显得更加时尚。拍摄者也可以尝试借助包包、项链等给服装进行搭配，这样可以起到点缀的作用，如图2-11所示。

图2-11　室内拍摄服装

　　刚进货的衣服由于折叠会比较皱，可以先用熨斗将其烫平整再拍摄，图片效果会更好。在拍摄过程中，手绝对不能颤抖，否则会削弱服装质感的表现力。在用光方面，细腻质料的服装比较适合用柔和一些的光，粗糙质料的服装比较适合直接打光。

2. 首饰类商品拍摄方法

　　首饰类物品具有发射光芒的特点，非常容易反映出四周的情形，尤其是在四周颜色与其自身颜色截然相反的情况下，更加容易造成这种情形的出现。在拍摄过程中，最好把首饰类物品放置到四周颜色都比较单调而又与其本身颜色较近的环境里，如图2-12所示。也可以事先找地方固定好相机的位置，利用相机的自拍功能进行拍摄，避免衣服的颜色反射到首饰上。

图2-12　首饰类商品拍摄效果

3. 化妆品类商品拍摄方法

化妆品类商品一般采用盒装或者瓶装，为了彰显出商品的质感，一般采用白纸作为底面，拍摄效果如图2-13所示。

图2-13　化妆品类商品拍摄效果

由于化妆品类商品本身体积较小，在拍摄环境选择上非常方便，如一张桌子、一把椅子即可。在拍摄采光上，可以因地制宜地选择光源，如室内拍摄可以采用台灯、日光灯等。

4. 水晶等透明商品拍摄方法

这类商品本身最大的特点就是透明，因此在拍摄过程中要力求体现它透明的物品特质。背景要干净，否则背景会反射在物品上。透明物品表面就很光亮，容易造成反光，所以光线不要直接照射物品。

在肉眼看起来明显比较暗的部位用反光板打光或者旁边用白纸映衬一下，使画面的光达到均匀的效果，增加透明商品的立体感，如图2-14所示。在拍摄过程中最好戴上白色的手套，以免拍出来的物品上留有指纹。

图2-14　透明商品拍摄效果

5. 食品类商品拍摄方法

通常用"色、香、味俱全"来形容食品的优质，"色、香、味"是食品的主要特点，那么如何用图片来表现食品的"色"呢？熟透了的食品往往偏向于黑色，颜色太深导致图片缺乏美感，调动不了买家的食欲。拍摄食品最好的时机是在半熟的时候，颜色偏向于黄色，让人一看就有吃的冲动，如图2-15所示。

图2-15　食品类商品拍摄效果

2.1.5　拍摄时的注意事项

除了上面介绍的不同商品拍摄方法外，在拍摄时还应该注意以下事项。

1. 保证相机的稳定性

在普通拍摄过程中，许多刚学会拍摄的朋友们常会遇到拍摄出来的图像很模糊的问题，这是由于相机的晃动引起的。要想在拍摄中尽可能避免相机的晃动，可以双手握住相机，将肘抵住胸膛，或者是靠着一个稳定的物体，有条件的话，使用三角架对物品进行近距离拍摄。建议拍摄时注意体现需要表现的物品部位，对其他地方进行虚化，以突出重点。

2. 正确地进行构图

要想拍好商品图片，构图非常关键。摄影上比较常见的构图是"三点规则"，即画面被分为三个部分，然后将被摄物体置于线上或者交汇处。总是将商品置于中间会让人觉得厌烦，所以不妨用"三点规则"来拍摄你的商品。

3. 使用摄影棚拍摄

虽然摄影棚的价格不菲，但拍摄出来的图片效果要远比没用摄影棚的效果好，如图2-16所示。因为摄影棚能增强图片阴影的圆滑性、消除反光、使光线照射充足等，与一般条件下拍摄的图片相比优势非常明显。

图2-16　摄影棚

4. 尽量避免使用闪光灯

使用闪光灯的技巧非常讲究，一不小心就容易造成曝光过度或曝光不足。另外，使用闪光灯还要考虑光线的来源问题。其考虑因素很多，是一般拍摄者比较难以掌握的，因此尽量避免使用闪光灯。

▶▶ 2.1.6　后期修片原则

1. 还原商品真实色彩

微店商品图片的后期处理最为重要的原则就是真实，在使用图像处理软件时一定要避免进行过分的后期处理，否则会导致图片与实际商品的差别太大而引起买家的不认同。

图2-17所示的两张商品图片中，左边图片画面明显偏绿，图片中服装的颜色还原不准确。右边图片画面相对较自然，稍微偏色但可以被接受。

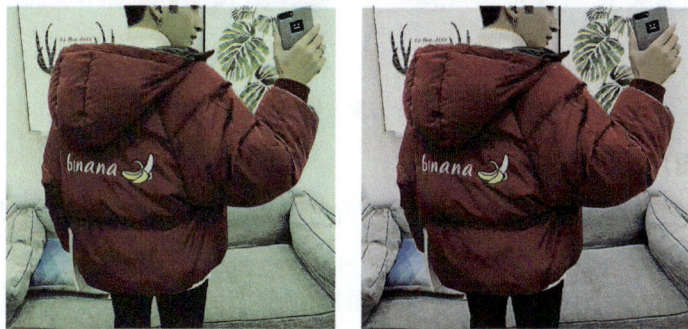

图2-17　偏色照片对比

2. 简化背景、突出重点

对于过于华丽、颜色跟主体不协调的背景，可以在后期处理过程中虚化甚至完全替换掉。因为背景再漂亮，它的作用也只是为了衬托商品。

图2-18所示的两张商品图片，左边图片背景过于杂乱，颜色也较多，整张照片没有主体，后期可以将背景大幅度虚化。右边图片使用了浅灰色背景，简洁而完美地与红色短裙协调，使被摄体更好地突显出来。

图2-18　背景与主体关系图片对比

3. 谨慎锐化

对于使用像素较低的手机或者卡片机拍摄出来的商品图片进行后期处理时，如果过分的锐化会导致像素块过多而降低图片画质。

图2-19所示的两张商品图片中，左边图片过度锐化，导致图片质量被损害的同时也降低了商品的真实度。右边图片适当锐化，商品得以较为自然地体现，质感也得到了增强。

图2-19　过度锐化图片对比

4. 保证图片的原长宽比

如果为了将图片套入页面格式而大幅度强行改变图片的长宽比，将会使图片失真，从而影响商品的真实度。

图2-20所示的两张商品图片中，左边图片变形较为严重，图片失真，影响商品真实度。右边图片真实自然，商品被较为真实地表现了出来。

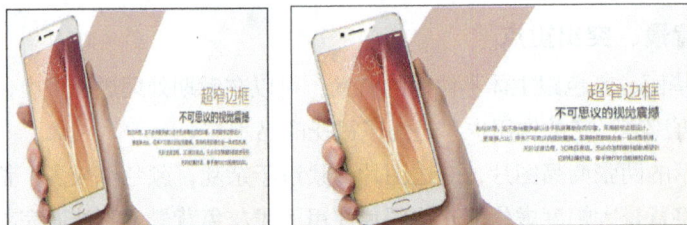

图2-20　失真图片对比

2.2 收集装修所需的设计素材

在进行微店装修的过程中，为了获得最佳的画面效果，会使用很多素材对画面进行修饰，如光效、文字、花朵、背景等。与商品照片素材不同的是，设计素材大部分都起着修饰和点缀的作用，其大部分为矢量素材，如图2-21所示。将这些素材进行合理的应用，可以使装修的画面更加饱满、精致。

图2-21　设计素材

大部分的设计素材可以通过网络进行下载，常见的设计素材网站有昵图网、素材中国、素材天下和站酷等，图2-22所示为昵图网的首页效果。

图2-22　昵图网首页

课后思考题

1. 为了吸引顾客的眼球，让顾客产生购买的意愿，真人模特便成了众多店主的首选。那么，借助真人模特拍摄商品图片有哪些技巧呢？

2. 很多微店店主并不懂摄影，认为布置摄影棚和灯光是一件非常复杂的事情。其实，只要掌握一些技巧，并遵循一些基本规律，就可以轻松解决这个问题。那么，该如何布置摄影棚和灯光呢？

第3章

微店视觉营销三大要素
——色彩、文字与版式

学习目标

❶ 了解色彩的性格与表现。

❷ 掌握厂家微店装修配色方案。

❸ 熟练掌握文字在微店设计中的重要表现。

❹ 了解版式布局对微店页面的影响。

图3-1所示为调和色在微店装修中的应用效果。

图3-1　调和色在微店装修中的应用

3.1 色彩性格与表现

　　鲜艳的色彩往往能吸引眼球，如何搭配色彩在微店装修中是十分重要的。色彩学上，根据心理感受把颜色分为暖色调、冷色调和中性色调。在微店装修设计中，暖／冷色调分别给人以亲密／距离、温暖／凉爽之感。

➤➤ 3.1.1 冷色系色彩的性格与表现

　　蓝色、绿色、紫色都属于冷色系，给人以冰凉、沉静等意象。图3-2所示为使用绿色为主色进行配色的店铺装修效果。

　　冷色系除了可以让人感受到一种冷清、空荡的感觉，还可以让人感觉到如冰块般的寒冷、刺激的凉意，能够形象地诠释出冷色配色所传达的意向。

图3-2　使用冷色系装修微店

➤➤ 3.1.2 暖色系色彩的性格与表现

　　暖色系是由太阳颜色衍生出来的颜色，包括红紫、红、红橙、橙和黄橙，象征着太阳和火焰，给人以温暖、柔和的感觉。图3-3所示为使用暖色系进行配色的店铺装修效果。

图3-3 使用暖色系装修微店

色彩带给人的温度感与色彩的明度有关。当色彩的明度最高时，温度感最高；当明度增高或者降低时，色彩的温度感会有逐渐减弱的感觉。

3.2 常见微店装修配色方案

配色，简单来说就是将颜色摆在适当的位置，对其做一个最好的安排，达到一种和谐的融为一体的效果。大多数人对色彩画面的敏感度往往强于文字，同时色彩是通过人的印象或者联想来产生心理上的影响的，而配色的作用就是通过改变空间的舒适程度和环境气氛来满足人们的各方面的要求。如何正确地运用常见的配色方案，是微店装修设计必备的技能。

3.2.1 对比配色在微店装修中的应用

我们生活的世界中，无论何时何地都充满着各种不同的色彩。人们在接触这些色彩的时候，常常都会以为色彩是独立的：天空是蓝色的，植物是绿色的，而花朵是红色的。但实际上，色彩就像是音符一样，唯有一个个音符的组合才能共同谱出美妙的乐章。色彩亦是如此，实际上没有一个色彩是独立存在的，也没有哪一种颜色本身是好看的颜色或是不好看的颜色。相反，只有当色彩成为一组颜色中的其中一个元素的时候，我们才会说这个颜色在这里是协调或是不协调，适合或不适合。

色彩是由"色相""明度"和"纯度"三种属性所组成的，其中的"色相"是人在最早认识色彩的时候所理解到的属性，也就是所谓的色彩的名称，例如红色、黄色、蓝色等。图3-4所示为最常见的12色相环。

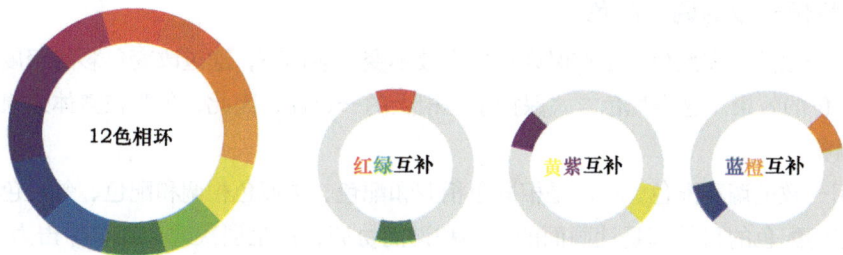

图3-4　12色相环

根据色相对比的强弱可对色相环做如下划分：同一色相对比在色相环上的色相距离角度是0°；邻近色相在色相环上相距15°到30°；类似色相对比在60°以内；中差色相对比在90°以内；对比色是120°以内；补色相对比在180°以内；色相环全彩色对比范围包括360°色相环。

色相对比时，如果周围的颜色与图案面积比很大，明度越是接近，效果就会越明显，对比感也会有增加的感觉。另外，用高纯度的色相系列进行组合，对比效果也会更明显。图3-5所示为色相差异较大的对比配色的微店装修效果。

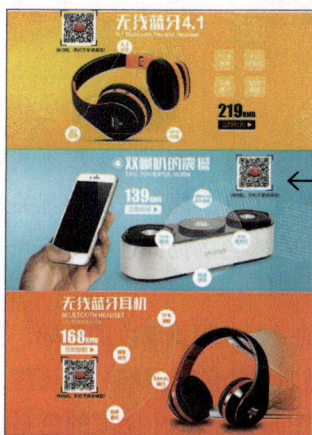

由于互补色有强烈的分离性，所以使用互补色的配色设计，可以有效加强整体配色的对比度、拉开距离感，而且能表现出特殊的视觉对比与平衡效果，使用得好能使商品给人留下活泼、充满生命力的感受。

图3-5　色相差异较大的对比配色的微店装修效果

3.2.2　调和配色在微店装修中的应用

调和配色这个概念有两种解释。一种指有差别的、对比着的色彩，为了构成和谐而统一的整体所进行的调整与组合的过程；另一种是指有明显差别的色彩，或不同的对比色组合在一起能给人以不带尖锐刺激的和谐与美感的色彩关系，这个关系就是色彩的色相、明度、纯度之间的组合的"节律"关系。

一组色彩如果没有对比就失去了刺激神经的因素，但是如果只有对比又会造成视觉的疲劳和精神的紧张。因此，色彩搭配既需要对比来产生刺激，又需要适度的调和以达到美的享受。总的说来，色彩的对比是绝对的，调和是实现色彩美的手段。

1. 色相一致的调和配色

色相一致的调和配色，是在保证色相大致不变的前提下，通过改变色彩的明度和纯度来达到配色的效果。这类配色方式保持了色相上的一致性，因此，色彩在整体效果上很容易达到调和。

色相一致的调和配色，可以是相同色相调和配色、类似色相调和配色、邻近色相调和配色，它们配色的目的都是让画面的色彩和谐而协调，产生层次或者视觉冲击力。图3-6所示画面中的文字、背景等都使用粉色进行搭配，通过明度的变换使其产生强烈的差异，也使得画面配色丰富起来。

图3-6 同一色相配色

2. 明度一致的调和配色

明度是人类分辨物体色最敏锐的色彩反应。明度的变化可以表现事物的立体感和远近感。例如，希腊的雕刻艺术就是通过光影的作用产生了许多黑白灰的相互关系，形成了成就感；中国的国画也经常使用无彩色的明度搭配。有彩色的物体也会受到光影的影响产生明暗效果，像紫色和黄色就有着明显的明度差。

明度是决定配色的光感、明快感和心理作用的关键。根据明度的色标，我们将明度分为3个区域，即低明度、中明度和高明度。其中高明度的色彩搭配对比较弱，需要在纯度和色相上进行区分，以求形成一定的节奏感，如图3-7所示：中明度的色彩搭配给人含蓄稳重的感觉，同时在稳重中彰显一种活泼的感觉；低明度的调和配色对比很弱，很容易取得调和的效果。

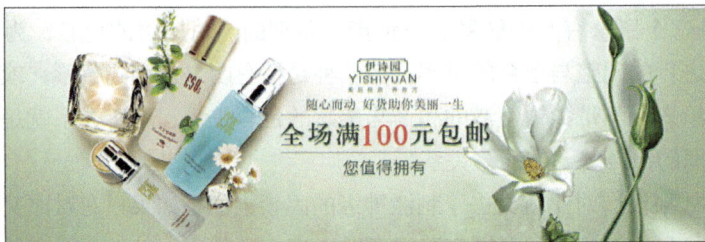

图3-7 高明度调和配色

3. 纯度一致的调和配色

纯度的强弱代表着色彩的鲜艳程度，在一组色彩中，当纯度的水平相对一致时，色彩的搭配也就很容易达到调和的效果。随着纯度高低的不同，色彩的搭配也会有不一样的视觉感受。

高纯度的几种色彩调和需要在色相和明度上进行变化，给人以鲜艳夺目、华丽而强烈的感觉；中纯度色彩之间进行的搭配，没有高纯度色彩搭配那样耀眼，但是会给人带来稳重大方、含蓄明快的感受，多用于表现高雅、亲切、优美的画面效果；低纯度色彩的色感比较弱，这种色彩间的搭配容易带给人平淡、陈旧的感觉，如图3-8所示。

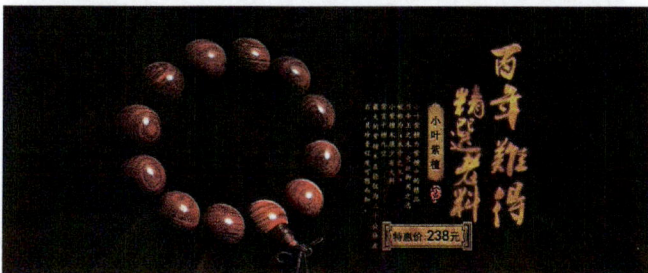

图3-8　低纯度调和配色

4. 无彩色的调和配色

无彩色的色彩个性不是很明显，与任何色彩搭配都可以取得调和的色彩效果。人们可以让无彩色与无彩色搭配，传达出一种经典的永恒的美感；也可以与有彩色搭配，用其作为主要的色彩来调和色彩间的关系。

卖家在进行微店装修的过程中，有的时候为了达到某种特殊的效果，或者突显出某个特殊的对象，会通过无彩色调和配色来对设计的画面进行创作，如图3-9所示。

图3-9　无色彩调和配色

3.2.3　微店配色误区案例解析

微店的装修对一个店的帮助很大，越来越多的卖家认识到了这点。在装修的时候卖家一定要注意颜色的运用及色彩搭配，不合理的搭配反而会造成负面的影响。以下对微店配色中存在的常见误区进行讲解。

1. 背景和文字对比不强烈

人眼识别色彩的能力有一定的限度，由于色的同化作用，色与色之间对比强者易分辨，对比弱者难分辨。背景与文字内容如果对比不强烈，文字内容就没法突出。如图3-10所示，如果微店页面的背景和文字颜色对比不强烈，容易显得不清晰。

图3-10　背景与文字对比不强烈

2. 色彩过多

合理地使用色彩可使页面变得鲜艳生动、富有活力。但色彩数量的增加并不与页面的表现力成正比。有些卖家把尽可能多的色彩搬上页面，同一个页面上色彩众多，一个标题就是一种颜色，每一个框、线的颜色都不同，容易造成版面复杂、混乱的视觉效果，对买家理解、获取信息毫无帮助，反而可能带来负作用，如图3-11所示。

要有一种主色贯穿其中，主色不一定是面积最大的颜色，也可以是最重要、最能揭示和反映主题的颜色。注意不要将所有颜色都用到，颜色使用尽量控制在3~5种色彩以内。

图3-11　色彩多而杂乱

3. 过分强调色彩的刺激度

在生活中我们看颜色时会感觉到某些颜色很刺眼，看起来比较累，如图3-12所示。买家上网绝不希望对自己的视力有损害。因此，页面用色要尽量少用视疲劳度高的色调。一般来说，高明度、高纯度的颜色刺激强度高，疲劳度也大。在无彩色系中，白色的明度最高，黑色的明度最低；在有彩色系中，最明亮的是黄色，最暗的是紫色。

色彩刺激强度高的色彩不宜大面积使用，出现频率也不宜高。低明度色给人的视觉疲劳度虽然小，但往往使人产生压抑感，因此也不赞成过多使用，否则会使页面设计过于暗淡。比较理想的方法是多用柔和、明快的浅调暖色。

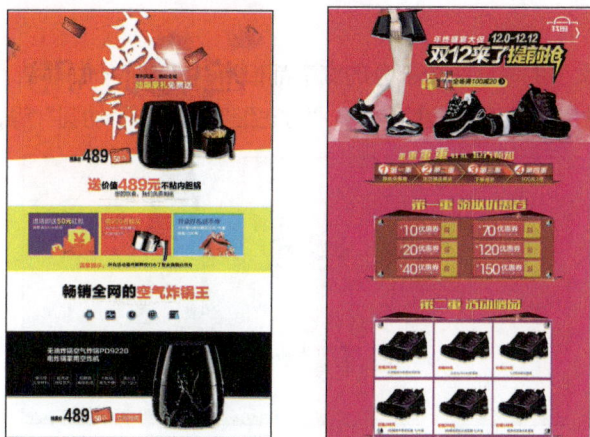

图3-12 色彩刺眼

3.3 文字在微店设计中的重要表现

在微店装修过程中，文字的表现与商品展示一样重要，它可以对商品、活动、服务等信息进行及时的说明，并且通过合理的设计排版，让信息的传播更加准确。

3.3.1 常见的字体风格

字体风格形式多变，如何利用文字进行有效的设计与运用，是把握字体更改最为关键的问题。对文字的风格与表现手法有详尽的了解后，能有助于我们进行字体设计。在微店装修中，常见的字体风格有手写型、线型、规整型和书法型等。

1. 手写型字体

手写体是一种使用硬笔或者软笔纯手工写出的文字，这种文字大小不一、形态各异。手写体的形式因人而异，带有较为强烈的个人风格。在微店装修设计中，使用手写体可以表现出一种不可模仿的随意性和不受局限的自由性，适当地使用手写字体可以让店铺的风格表现更加淋漓尽致，如图3-13所示。

图3-13　手写型字体

2. 线型字体

线型字体是指文字的笔画每个部分的宽窄都相当，表现出一种简洁、明快的感觉，在微店装修设计中较为常用。常用的线型字体有"方正细圆简体""幼圆"等，如图3-14所示。

图3-14　线型字体

3. 规整型字体

规整型字体是指利用标准、整体外形的字体，可以表现出一种规整的感觉，这样的字体也是微店装修设计中较为常用的字体。利用规整型的字体，借助字体间的排列间隔，结合不同长短的文字可以很好地表现出画面的节奏感，给人以大气、端正的印象，如图3-15所示。

图3-15　规整型字体

4．书法型字体

书法是中国独有的一种传统艺术，字体外形自由、流畅，笔画间会显示出洒脱和力量，有一种传神的精神境界。在微店装修设计中，为了迎合活动的主题，或者配合商品的风格，很多时候使用书法字体可以让画面中文字的外形设计感增强，表现出浓郁的中国韵味，如图3-16所示。

图3-16　书法型字体

3.3.2　了解文字的编排准则

在文字的编排设计中，为了使创作出来的微店装修画面能够达到理想的视觉效果，不仅需要考虑整体编排的规整性，同时还要适当地加入带有装饰性的设计元素，以提升画面的美观性，让文字编排更具设计感。根据排列要求的不同，我们将编排准则归纳为3个部分。其一是文字描述必须符合版面主题的要求，即准确性；其二是段落排列的易读性；其三则是整齐布局的审美性。

1．准确性

在微店装修设计中，编排文字的准确性不仅指文字所表述的信息要达到主题内容的要求，同时还要求整体排列风格要符合设计对象的形象。只有当文字内容与排列样式都达到画面主题的标准时，才能保证版面文字能够准确无误地传达信息。

在商品详情页中，要使用简洁的词组来对商品各个特点进行介绍，让词组与图片产生关联性，同时利用文字的准确描述提高顾客对商品的认知和理解，如图3-17所示。

图3-17　文字的准确性

2. 易读性

所谓编排的"易读性"是指通过特定的排列方式，使文字能在阅读上给顾客带来顺遂、流畅的感觉。在微店的装修画面设计中，可以通过多种方式来增强位置的易读性，如宽松的文字间隔、设置大号字体、多种不同字体进行对比阅读等，如图3-18所示。这些做法都能让段落文字之间产生一定的差异，使得文字的信息主次清晰，让顾客更容易抓住信息的重点。

图3-18　文字的易读性

在微店装修的文字设计中，文字的编排方式是多种多样的，而且不同的排列样式所带来的视觉效果也是不同的。根据设计的需要选择合理的编排方式，有助于整体信息的传达。需要注意的是，在进行文字的编排时，我们还应考虑它本身的结构特点以及段落文字的数量，例如当文字的数量过多并且均属于小号字体时，就可以采用首字突出的办法来提升整段文字的注目度。

3. 审美性

审美性是指文字编排在视觉上的美观度。美感是所有设计工作中必不可少的重要因素。卖家借用事物的美感来打动顾客，使其对画面中的信息和商品产生兴趣。为了满足编排设计的审美性，可对字体本身添加一些带有艺术性的设计元素，以从结构上增添其美感，如图3-19所示。

图3-19　文字的审美性

3.3.3 运用合理分割方式来安排文字

在微店装修设计的过程中，为了把握好商品或者模特图片与文字的搭配效果，我们可以运用分割的方式来对图文要素进行合理的规划，并使它们之间的关系得到有效协调。根据切割走向的不同，可将这种编排手法划分为垂直与水平分割两种，其具体的特点如下。

1. 左图右文

通过垂直切割将版面分成两个部分，把商品或模特图片与文字分别排列在版面的左边与右边，从而形成左图右文的排列形式，如图3-20所示。相较于文字来讲，图片拥有更强的视觉感染力，这种排列方式在很大程度上能够使版面产生由左至右的视觉流程，且这一流程正好与人们的阅读习惯相符。因此左图右文的排列形式在结构上带给人们一种流畅的感觉。

图3-20　左图右文

2. 左文右图

与左图右文相反，左文右图将文字放在画面的左侧，把商品或者模特的图片放在右侧。在实际的创作设计中，借助图片的视觉吸引力，使画面产生由右至左的视觉流程，由于该视觉流程与观者的阅读习惯恰好相反，因此左文右图的编排形式能够在视觉上给人带来一种新奇的感觉，而这种排列方式也是微店装修的首页海报中常用的一种方式，如图3-21所示。

图3-21　左文右图

3. 上文下图

在文字的编排中，通过水平切割将画面划分成上下两个部分，同时将文字与图片分别排列在视图的上部与下部，从而构成上文下图的排列形式，如图3-22所示。设计者将商品或者模特图片放在画面的下端，以使它的视觉形象变得更为沉稳；与此同时，排列在图片上方的文字则在视觉上给人带来一种上升感。借助两者之间的呼应关系，可以增强版面整体的表现力。

4. 上图下文

将画面进行水平分割，分别将图片与文字置于画面的上端与下端，从而构成上图下文的编排方式，如图3-23所示。在实际的微店装修过程中，通过将文字摆放在图片的下方，以从形式上增强它们之间的关联性，同时借助特殊的排列位置，还能增强文字整体给人的视觉带来的安稳、可靠的感受，从而增强顾客对版面的信息信赖度。例如，在展示多种商品的编排中，基本都是使用上图下文的编排方式进行设计的。

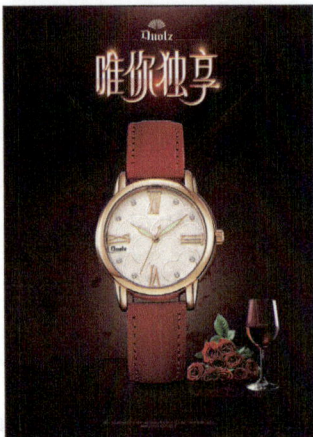

图3-22 上文下图

图3-23 上图下文

3.3.4 字体的创意设计

为了增强微店装修页面阅读的可读性与趣味性，可以通过多种方式来提升文字在结构上的设计感及设计深度，比如运用图形、肌理、描边等辅助元素，让文字的表现更加丰富，还可以起到打破传统编排方式在布局上的呆板感。

1. 利用设计元素辅助文字的表现

在微店装修的过程中，设计和制作连体字和立体字会花费较长的时间，很多时候，只要合理地运用字体的变化，以及添加恰当的修饰元素，辅助文字的表现，就能实现更好的文字创意设计效果，如图3-24所示。

图3-24 利用设计元素辅助文字

2. 立体字表现出强烈的空间感

立体字是在设计的过程中通过添加修饰形状或者阴影的方式，让文字产生空间感，再经过文字色彩及明暗的调整，使得文字的立体感增强。图3-25所示为微店装修中使用的立体字设计效果，通过立体字的添加，让文字的表现力增强，同时也让画面的气势得到提升。

图3-25　立体字的运用

3. 连体字让文字整体感增强

连体字就是通过寻找字符之间存在联系的笔画，通过特定的线条或者形状将其连接在一起，制作出自然、流畅的文字效果。图3-26所示为微店首页中海报的标题文字，它们通过将部分笔画进行连接，把文字紧密联系在一起，使其呈现出一个完整的外形，更显精致与大气。

图3-26　连体字的运用

》》 3.3.5　字体的高级使用技巧

字体就是文字的风格样式，字体也是文化的载体，是社会的缩影。不同的字体给人的感觉不同。例如，宋体客观、雅致；大标宋古风犹存，给人古色古香的视觉效果；黑体时尚、厚重、抢眼，有强调的效果，多用于标题的制作；仿宋权威、古雅等。

1. 男性字体

男性字体要突出的含义包括：硬朗、粗犷、力量、稳重、大气。

一般选用笔画粗的黑体类字体，或者有棱角之类的字体，大小、粗细巧妙搭配，有主有次，如图3-27所示。

图3-27　男性字体

2. 女性字体

女性字体要突出的含义包括：柔软、飘逸、俊俏、纤细、秀美、气质、时尚。

一般选用纤细、秀美、线条流畅等细节变化的字体，如图3-28所示。

图3-28　女性字体

3. 促销型字体

促销型字体要突出的含义包括：粗、大、显眼、倾斜、文字变形等。

一般使用笔画较粗的字体，如方正粗黑、方正谭黑、造字工房力黑、蒙纳超刚黑等，如图3-29所示。

图3-29　促销型字体

4. 高端型字体

高端型字体要突出的含义包括：纤细、小、优美、简约、干净利落。

一般选用笔画细的字体，字号也比较小，多与英文搭配，显得更加时尚，如图3-30所示。

图3-30　高端型字体

5. 文艺、民族风字体

文艺、民族风字体要突出的含义包括：纤细、优美、复古。

一般选用笔画较细的字体，如方正清刻本悦宋简体、方正启体简体或毛笔字体等，字号也比较小，而且常采用竖向排版方式，如图3-31所示。

图3-31　文艺、民族风字体

3.4　版式布局对微店页面的影响

运营微店时，为了提高销售业绩，需要制作美观、适合商品的页面，利用图片或者文字说明等组成要素，通过将其美观地进行布局而更引人注目，并且由此提升顾客的购买率。将商品页面的组成要素进行合理的排版，以达到吸引顾客的目的，这就是装修设计的版式布局。

3.4.1　版式设计的形式法则

版式设计的形式法则就是创作画面美感的基本准则，美的形式法则没有固定的章法可循，主要靠设计师的灵活运用与搭配。只有在大量的设计实践中熟练运用，才能真正理解和掌握版式布局设计的形式法则并善于运用，创作出优秀的微店装修作品。

1. 对称与均衡

两个同一形的并列与均齐，实际上就是最简单的对称形式。对称是同等同量的平衡。对称的形式有以中轴线为轴心的左右对称，以水平线为基准的上下对称和以点为对称中心的中心对称；还有以对称面出发的反转形式，其特点是稳定、庄严、整齐、秩序。

均衡是一种有变化的平衡，它的形式富于变化、饶有趣味，具有灵巧、生动、活泼、轻快的特点。

在对称与均衡中，采用等形不等量或等量不等形的手法组织画面内容，会使画面更加耐人寻味，增强细节上的趣味性。

图3-32所示的首页效果使用左右对称的形式进行设计，但不是绝对的对称，画面中的布局在基本元素的安排上富于固定的变化，对称均衡更灵活、更生动。

图3-32　对称与均衡的布局表现形式

2. 节奏与韵律

节奏是有规律的重复，对于版面来说，只要在组织上合乎某种规律并具有一定的节奏感，就是韵律。节奏的重复使组成节奏的各个元素都能得到体现。韵律是通过节奏的变化来产生的，设计微店的画面中，合理运用节奏与韵律，就能将复杂的信息以轻松、优雅的形式表现出来，如图3-33所示。

图3-33　节奏与韵律的布局表现形式

3. 对比与调和

对比与调和看似一对矛盾的综合体，实质上是相辅相成的统一体。在很多的微店装修页面设计中，画面中的各种设计元素都存在着相互对比的关系。为了寻求视觉和心理上的平衡，设计师往往会在对比中寻找能够相互协调的因素，也就是说在对比中寻求调和，让画面在富有变化的同时，又有和谐的审美情趣。

对比是指把相对的两要素互相比较，产生大小、明暗、黑白、粗细、强弱等对比。对比的最基本要素是显示主从关系和统一变化的效果。

调和是指适合、舒适、安定、统一，是近似性的强调，使两者或两者以上的要素相互具有共性。在微店的版面构成中，一般整体版面适用于调和，局部版面适用于对比，如图3-34所示。

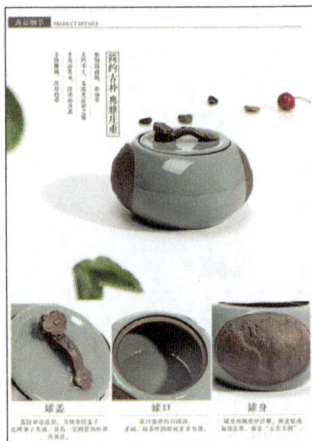

图3-34　对比与调和的布局表现形式

4．虚实与留白

中国传统美学上有"计白守黑"的说法。这就是指编排的内容是"黑"，是编排实体；斤斤计较的却是或虚或实的"白"，也指细弱的文字、图形或色彩。

留白是版面未放置任何图文的空间，它是"虚"的特殊表现手法，其形式、大小、比例决定着版面的质量。留白表现一种轻松，最大的作用是引人注意。在版面构成中，巧妙地留白，讲究空白之美，是为了更好地衬托主题，形成版面的空间层次。

为了强调主体，可将主体以外的部分进行虚化处理，用模糊的背景突出主体，使主体更加明确，但是在微店设计中通常会采用降低不透明度的方式来进行创作，如图3-35所示。

图3-35　虚实与留白的布局表现形式

3.4.2 版式布局中图片的处理

在微店装修设计的版式设计中，除了文字以外，图片是传递信息的另一种重要途径，也是网络销售中最需要重点设计的一个设计元素。商品图片是微店装修画面中一个重要的组成部分，其相对于文字更直接、更快捷、更形象，使商品的信息传递更加简洁。接下来就对版式布局中图片的处理方式进行讲解。

1. 利用裁剪提炼出图片的重点

微店装修中的图片大部分都是摄影师拍摄的照片，这些照片往往在形式上都是固定的，或者在内容上只有一部分是符合装修需要的，这时就需要采用一些技巧来处理这些图片，使它符合版面设计的需要，如图3-36所示。

图3-36 抠图并重新布局商品图片

2. 缩放图片以获得最佳的商品展示效果

同一个商品的图片，在进行设计的过程中，如果进行不同比例的缩放，就会获得不同的视觉效果，也会突显出不同的重点，如图3-37所示。但是微店装修设计与普通的设计不同，它需要重点展示的是商品本身，因此在某些设计的过程中，适当对商品以外的图像进行遮盖，可以让商品的特点得以突显，获得顾客更多的关注。

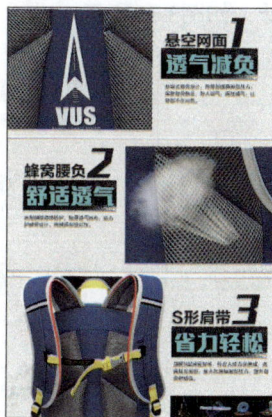

图3-37 缩放图片突出重点

3.4.3 版式布局中的视觉流程

视觉流程是一种视觉空间的运动，是视线随着各种视觉元素在版面空间上沿着一定的轨迹运动的过程。微店装修版式布局中的视觉流程，就是布局对顾客的视觉引导，指导观者的视线关注范围和方位。版式布局的视觉流程主要分为单向型的版面指向和曲线型的版面指向。

1. 单向型的版面指向

单向型的视觉流程通过竖向、横向、斜向的引导，能够将信息在有安排的情况下逐一传达给顾客，使顾客更加明确地了解微店中的内容，如图3-38所示。

使用竖向视觉流程设计的画面，可以产生稳定感，条理显示更清晰；使用横向视觉流程设计的画面，符合人们的阅读习惯，有一种条理性较强的感觉；使用斜线视觉流程设计的画面，可以产生强烈的动感，具有更多的视觉吸引力。

图3-38　单向型版面指向

2. 曲线型的版面指向

所谓的曲线型视觉流程，指的是画面的所有设计要素按照曲线或者回旋线的变化排列，给人一种曲折迂回的视觉感受，如图3-39所示。

图3-39　曲线型版面指向

S形的曲线引导是微店装修设计画面中最为常用的一种版式视觉流程,将版面按照S形曲线流程进行编排的时候,不但可以产生一定的韵律感,而且还会给整个设计的画面带来一种隐藏的内在力量,容易让版面的上下或左右平衡,也会让画面的视觉空间效果更加灵动。曲线型的视觉流程很容易形成视觉上的牵引力,让顾客的视线随着曲线进行移动,引导阅读的效果明显。

3.4.4 版式布局中的对齐方式

版式布局的好坏决定阅读的效果,常用的版式布局的对齐方式有左对齐、右对齐、居中对齐和组合对齐。总的来说,版式布局的关键在于如何将文字与图片进行协调,使其展示出美观的视觉效果,让信息得到有效的传达。

1. 左对齐

左对齐的排列方式有松有紧、有虚有实,具有节奏感。行首会自然地产生一条垂直线,显得很整齐。图3-40所示的微店装修设计图中,文字使用了左对齐的方式,让版面整体具有很强的节奏感。

2. 右对齐

右对齐的排列方式恰好与左对齐相反,其具有很强的视觉性,适合表现一些特殊的画面效果。图3-41所示为文字使用右对齐排列的设计效果,整个画面的视觉中心向右偏移,让人们的阅读习惯产生新鲜感,显得新颖有趣,能提高顾客的兴趣。

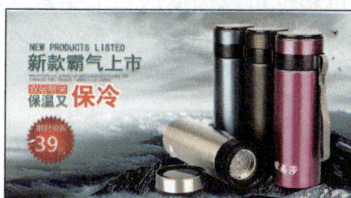 

图3-40 左对齐　　　　　　　　　　　图3-41 右对齐

3. 居中对齐

让设计元素以中心为轴线对齐的方式叫作居中对齐,这种对齐方式可以让观者视线更加集中、突出,具有庄重、优雅的感觉。图3-42所示的商品推荐区,文字和图片都使用居中对齐,给入带来视觉上的平衡感。

图3-42 居中对齐

4. 组合对齐

在微店装修的过程中，通常会将两种或者两种以上的对齐方式组合在一起使用，这种版式一般表现较为轻松。图3-43所示就是组合对齐排列的效果，整个画面逻辑清晰，干净整洁，并且不会显得单调。

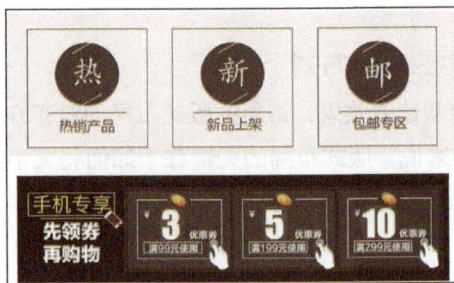

图3-43　组合对齐

课后思考题

1. 为了便于认识微店装修配色中的色彩变化，认识色彩的基本属性和基本规律，我们必须对色彩的种类进行分类与了解。那么，色彩有哪些种类呢？

2. 色彩的三要素是影响色彩的主要因素，色彩也可以根据这三个要素进行体系化的归类，要想在微店装修中灵活地应用色彩，就必须充分了解色彩三要素。那么，什么是色彩三要素呢？

第4章

商品图片处理两大利器
——手机美图秀秀与Photoshop

学习目标

1. 能够使用手机美图秀秀快速美化商品照片。
2. 能够使用手机美图秀秀完美组合商品照片。
3. 掌握各种照片修复工具的使用方法。
4. 掌握微店照片的调色技巧。
5. 掌握微店图片的文字编辑方法。
6. 能够对商品图片进行抠取、锐化、修饰等处理。

图4-1所示为使用手机美图秀秀处理微店商品照片的案例效果。

图4-1　使用手机美图秀秀处理微店商品照片

图4-2所示为使用Photoshop软件处理微店商品照片的案例效果。

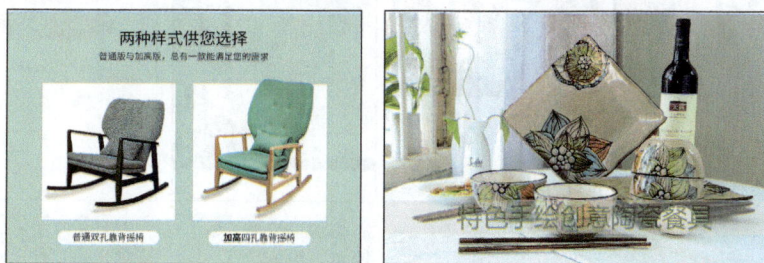

图4-2　使用Photoshop处理微店商品照片

4.1 使用手机美图秀秀快速美化照片

美图秀秀是一款免费图片处理软件，软件的操作和程序相对于专业图片处理软件（如Photoshop)比较简单。美图秀秀独有的图片特效、人像美容、可爱饰品、文字模板、智能边框、魔术场景、自由拼图、摇头娃娃等功能可以让用户在短时间内制作出精美照片。

4.1.1 调整照片的色彩和色调

使用美图秀秀APP可以快速地对商品照片的色彩和色调进行调整，还原其因为镜头设置以及环境的影响而失去的原有的色彩平衡。

1. 调整商品照片的亮度

在光线不足的情况下拍摄照片，很容易出现曝光不足的情况，从而导致照片画面比较阴暗，这个问题在美图秀秀中很容易被修复，如图4-3所示。

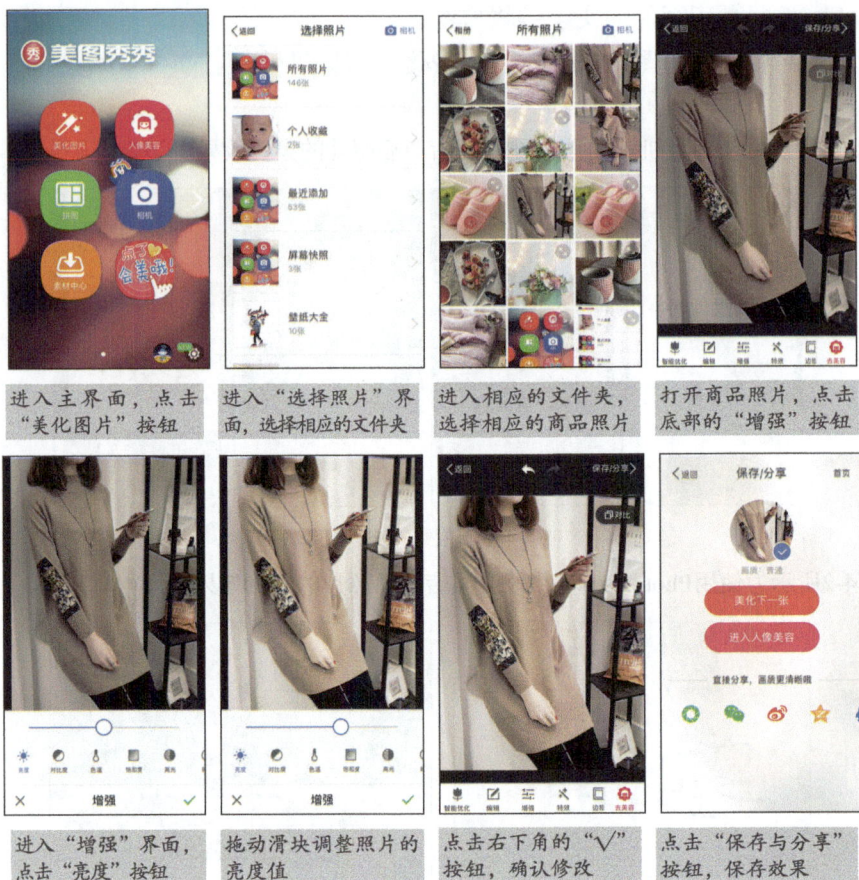

进入主界面，点击"美化图片"按钮　　进入"选择照片"界面，选择相应的文件夹　　进入相应的文件夹，选择相应的商品照片　　打开商品照片，点击底部的"增强"按钮

进入"增强"界面，点击"亮度"按钮　　拖动滑块调整照片的亮度值　　点击右下角的"√"按钮，确认修改　　点击"保存与分享"按钮，保存效果

图4-3 利用美图秀秀调整照片亮度

除此之外，还可以通过"高光""暗部""智能补光"等功能来调整照片的亮度，如图4-4所示。

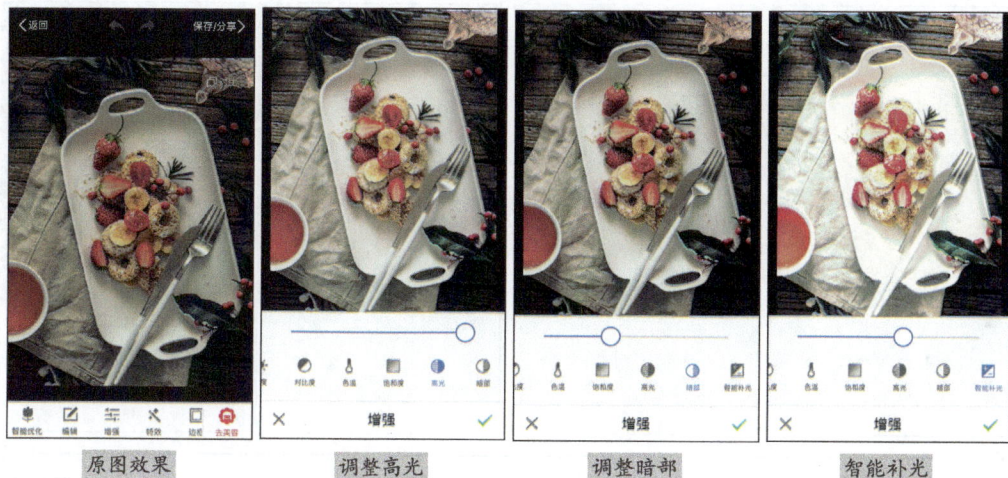

| 原图效果 | 调整高光 | 调整暗部 | 智能补光 |

图4-4　利用美图秀秀调整照片亮度的其他方法

2. 调整照片的对比度

对比度指的是一幅图像中明暗区域最亮的白和最暗的黑之间不同亮度层级的测量，差异范围越大代表对比越大，差异范围越小代表对比越小。使用美图秀秀可以轻松地对照片的对比度进行调整，如图4-5所示。

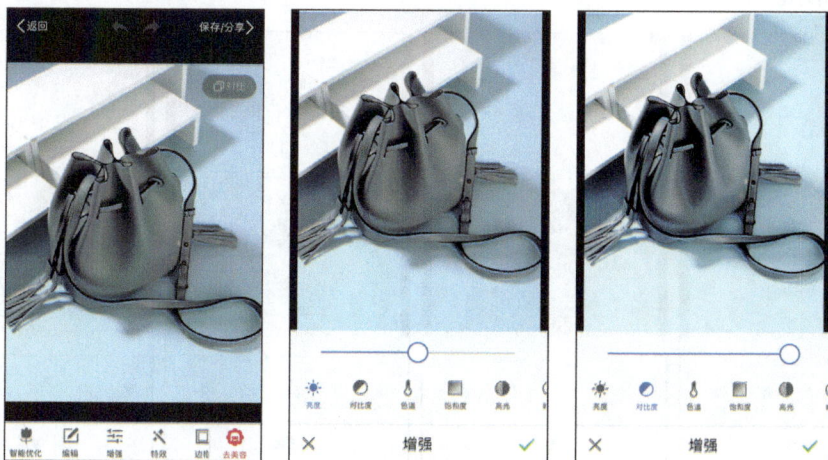

图4-5　利用美图秀秀调整照片的对比度

3. 调整照片的色温

在摄影的过程中，即使是同样的被摄主体，因为拍摄时间的不同，也会产生不同的颜色变化。了解拍摄场景所呈现的色温（K），能帮助我们正确测光、掌握白平衡，避免画面出现色偏问题。使用美图秀秀可以有效地校正照片的色调，如图4-6所示。

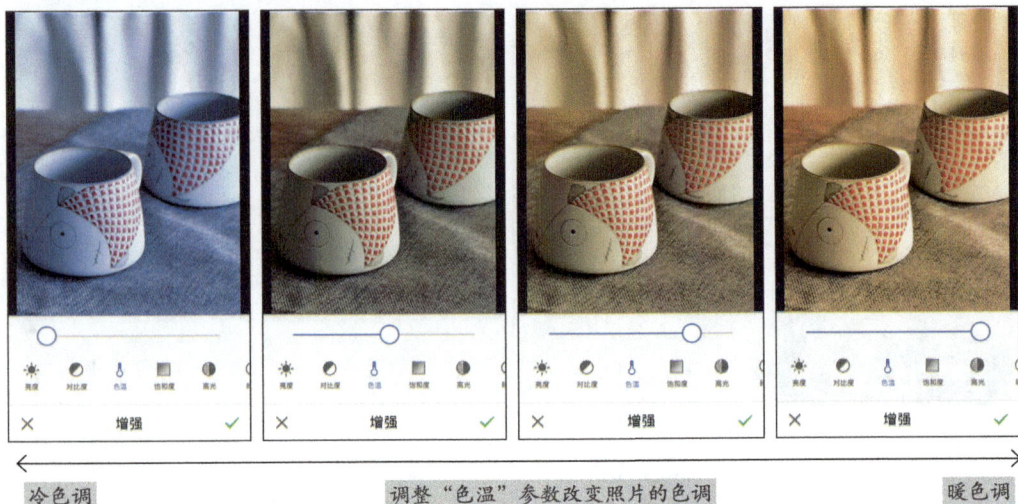

冷色调　　　　　　　　调整"色温"参数改变照片的色调　　　　　　　　暖色调

图4-6　利用美图秀秀调整照片的色温

4.　调整照片的饱和度

所谓饱和度，其实是指色彩的纯度。纯度越高，表现越鲜明，纯度较低，表现则较黯淡。如果照片饱和度不够，看起来就像是蒙了一层灰，可以在美图秀秀中弥补这一缺陷，如图4-7所示。

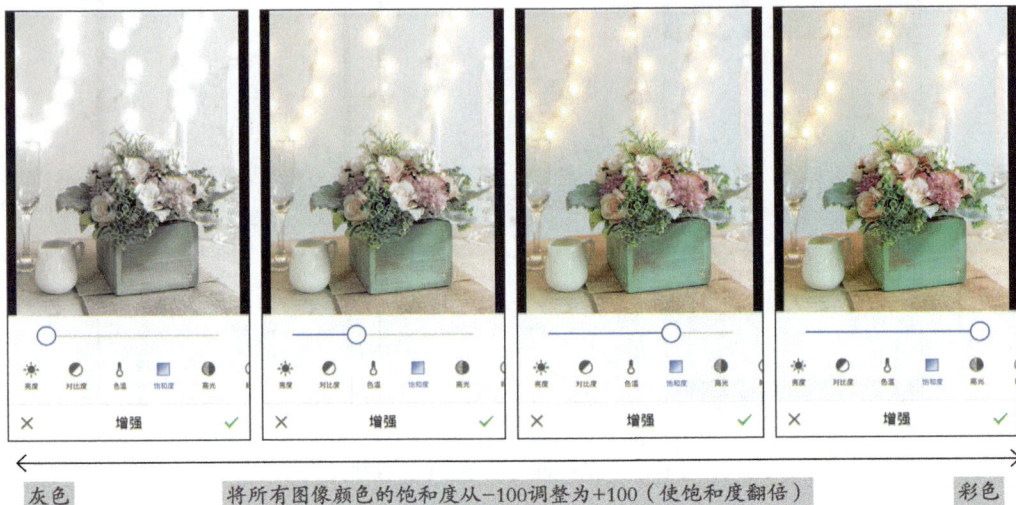

灰色　　　　　　　　将所有图像颜色的饱和度从-100调整为+100（使饱和度翻倍）　　　　　　　　彩色

图4-7　利用美图秀秀调整照片的饱和度

4.1.2　智能美化商品照片

　　使用美图秀秀中的"智能优化"功能，可以对微店商品照片进行智能、快速、简单的美化处理。打开美图秀秀APP后，选择一张商品照片，点击界面左下角的"智能优化"按钮，进入"智能优化"界面，在此有"原图""自动""美食""静物""风景""去雾""人物"7种智能优化模式，用户可以根据商品的类型或需要进行选择，效果如图4-8所示。

图4-8　利用美图秀秀智能美化商品照片

4.1.3　商品照片的裁剪、旋转与锐化

　　使用美图秀秀APP可以根据需要对微店商品照片进行裁剪、旋转和锐化等基本操作，下面将分别对其进行介绍。

1. 裁剪商品照片

照片的构图对图像主体的体现极其重要，通过使用"图片裁剪"功能可以改变照片的构图，将不需要的部分裁剪掉，使照片主体更加突出。

打开美图秀秀APP后，选择一张商品照片，点击底部的"编辑"按钮，进入"图片裁剪"界面，可以拖动裁剪框调整照片的裁剪范围，然后点击"确定裁剪"按钮，即可完成照片的裁剪，如图4-9所示。

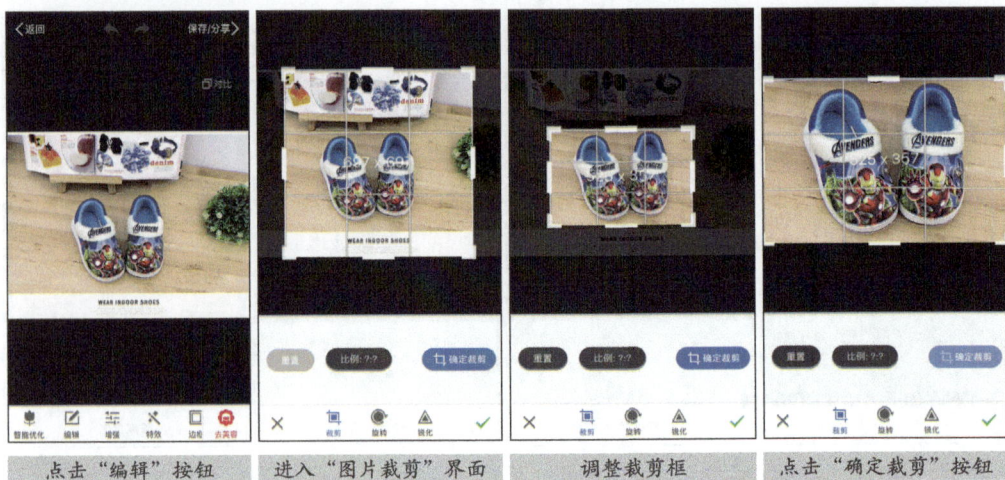

图4-9　利用美图秀秀自由裁剪商品照片

另外，也可以点击"比例：自由"按钮，在弹出的菜单中选择相应的裁剪比例，即可使用预设的尺寸比例裁剪照片，如图4-10所示。

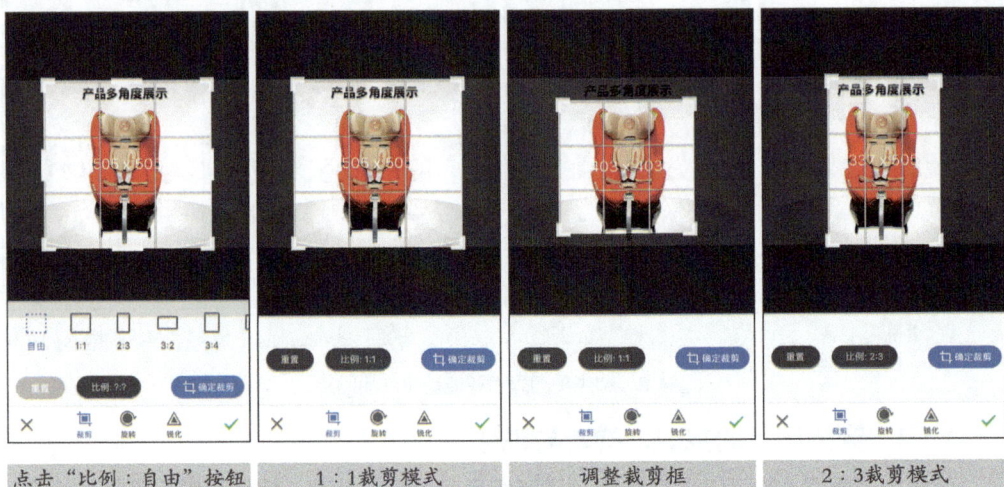

图4-10　利用美图秀秀使用预设的比例尺寸裁剪照片

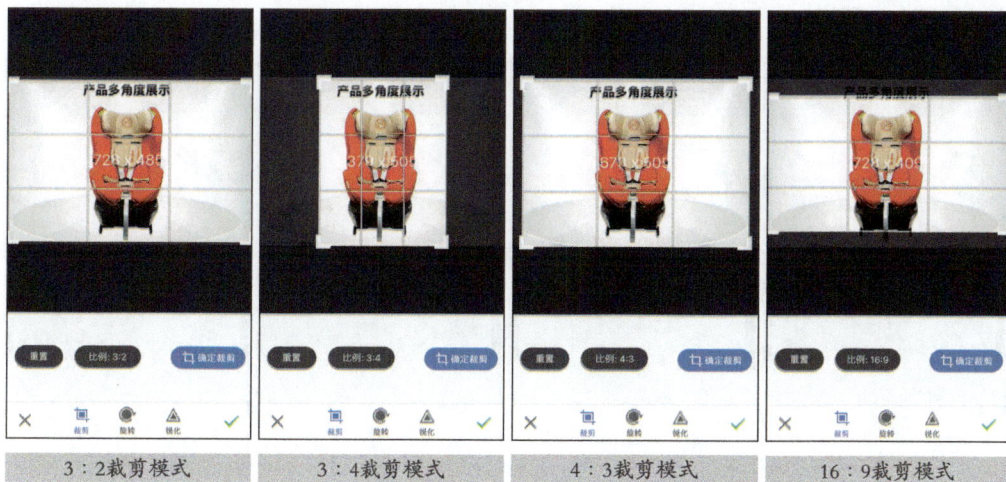

| 3：2裁剪模式 | 3：4裁剪模式 | 4：3裁剪模式 | 16：9裁剪模式 |

图4-10　利用美图秀秀使用预设的比例尺寸裁剪照片（续）

2. 旋转商品照片

打开美图秀秀APP后，选择一张商品照片，点击底部的"编辑"按钮，进入"图片裁剪"界面，点击下面的"旋转"按钮，即可进入"图片旋转"界面，拖动旋转边框调整图片的旋转角度，如图4-11所示。

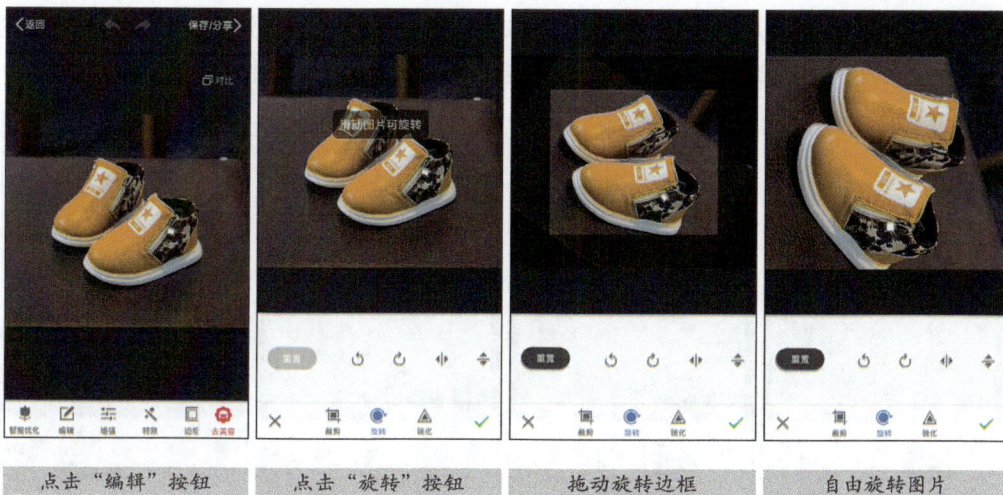

| 点击"编辑"按钮 | 点击"旋转"按钮 | 拖动旋转边框 | 自由旋转图片 |

图4-11　利用美图秀秀自由旋转商品照片

3. 锐化商品照片

使用美图秀秀APP中的"锐化"功能可以增强模糊照片的细节，使其变得清晰。打开一张模糊的照片，点击底部的"编辑"按钮，进入"图片裁剪"界面，点击下方的"锐化"按钮，即可进入"图片锐化"界面，拖动锐化滑块，即可根据需要调整照片的锐化程度，如图4-12所示。

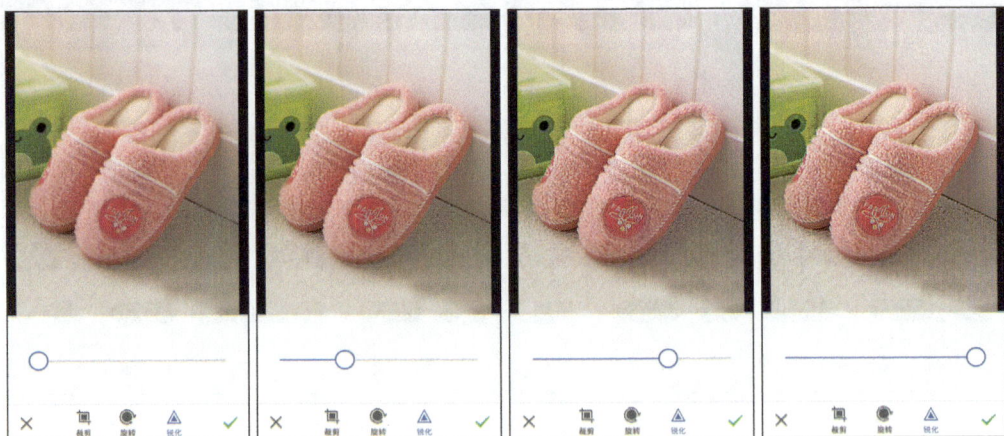

图4-12　利用美图秀秀调整商品照片的锐化程度

4.1.4　为商品照片应用特效

使用美图秀秀APP可以一键轻松生成几十种影楼特效、风格特效等，使微店的商品照片更加吸引买家，增加商品的转化率。

1.　"LOMO"特效

打开一张商品照片，点击底部的"特效"按钮，进入"特效"页面，点击下面的LOMO按钮切换至该选项区，点击相应的效果缩览图，即可应用该特效，如图4-13所示。

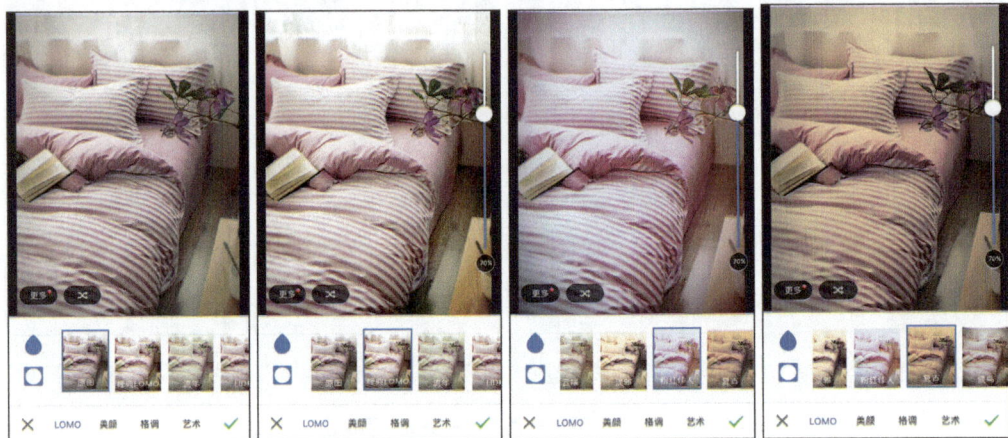

图4-13　原图与不同风格的LOMO特效

2.　"美颜"特效

打开一张商品照片，点击底部的"特效"按钮，进入"特效"页面，点击下面的"美颜"按钮切换至该选项区，点击相应的效果缩览图，即可应用该特效，如图4-14所示。

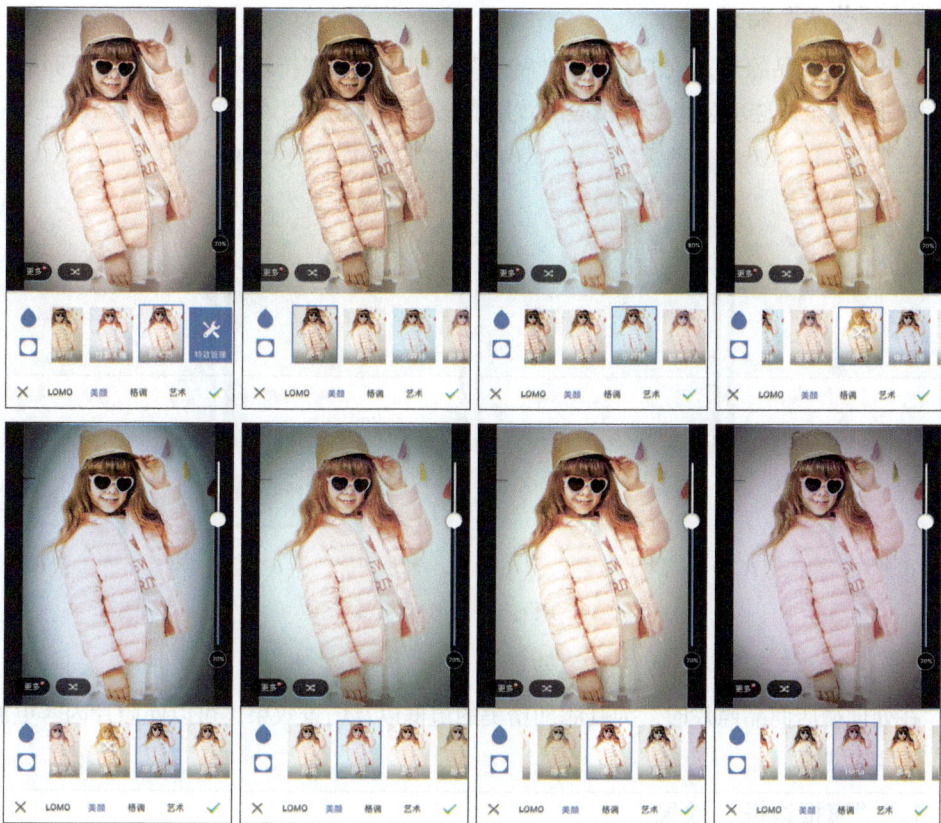

图4-14　原图与不同风格的美颜特效

3.　"格调"特效

打开一张商品照片，点击底部的"特效"按钮，进入"特效"页面，点击下面的"格调"按钮切换至该选项区，点击相应的效果缩览图，即可应用该特效，如图4-15所示。

图4-15　原图与不同风格的格调特效

4. "艺术"特效

打开一张商品照片，点击底部的"特效"按钮，进入"特效"页面，点击下面的"艺术"按钮切换至该选项区，点击相应的效果缩览图，即可应用该特效，如图4-16所示。

图4-16　原图与不同风格的艺术特效

▶▶ 4.1.5　为商品照片添加边框效果

在处理微店商品照片时，为其添加精美的边框以及场景效果，可以使照片内容更加丰富，更具观赏性。

1. "海报边框"效果

打开一张商品照片，点击底部的"边框"按钮，进入"海报边框"页面，点击相应的效果缩览图，即可应用该边框效果，如图4-17所示。

| 点击"边框"按钮 | 进入"海报边框"界面 | 点击相应边框缩览图 | 应用边框效果 |

图4-17　应用"海报边框"效果

另外，还可以根据需要下载更多的边框素材，点击"更多素材"按钮即可，如图4-18所示。

| 点击"更多边框"按钮 | 点击"下载"按钮 | 点击"使用"按钮 | 应用边框效果 |

图4-18 下载边框效果

2. "简单边框"效果

使用美图秀秀APP中的"简单边框"功能对微店商品照片进行简单的装饰，可以让商品更具个性色彩，如图4-19所示。

图4-19 应用"简单边框"效果

3. "炫彩边框"效果

使用美图秀秀APP中的"炫彩边框"功能可使商品照片变得更加绚丽多彩，效果如图4-20所示。

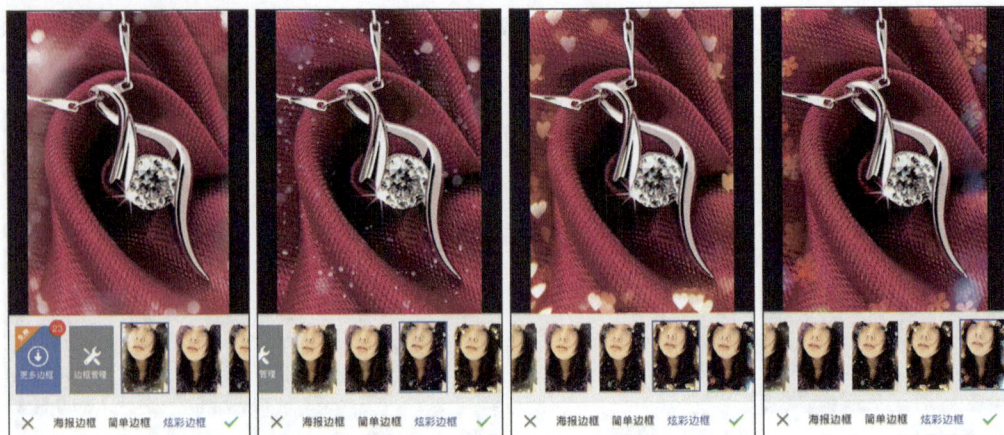

图4-20 应用"炫彩边框"效果

4.1.6 用魔幻笔修饰商品照片

打开一张商品照片，点击底部的"魔幻笔"按钮，进入"魔幻笔"页面，点击相应的魔幻笔，在照片上滑动手指图标即可应用该魔幻笔效果，如图4-21所示。

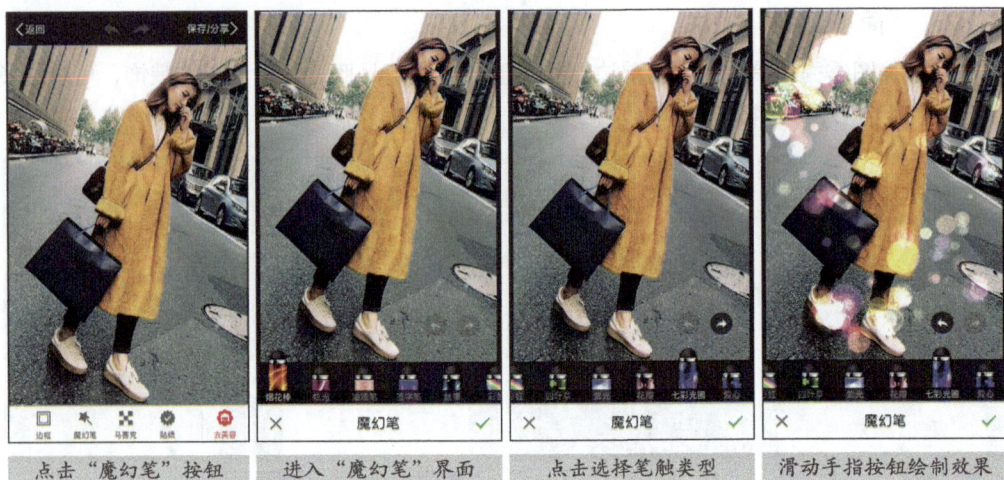

| 点击"魔幻笔"按钮 | 进入"魔幻笔"界面 | 点击选择笔触类型 | 滑动手指按钮绘制效果 |

图4-21 应用"魔幻笔"效果

4.1.7 为商品照片添加文字效果

使用美图秀秀APP中的"文字"功能可以为商品照片添加相应的文字，对照片起到画龙点睛的作用，让照片内容更加丰富。

1. 添加普通文字

打开一张商品照片，单击底部的"文字"按钮，进入"文字"界面，可以点击文字输入框输入文字并设置相应的文字样式，效果如图4-22所示。

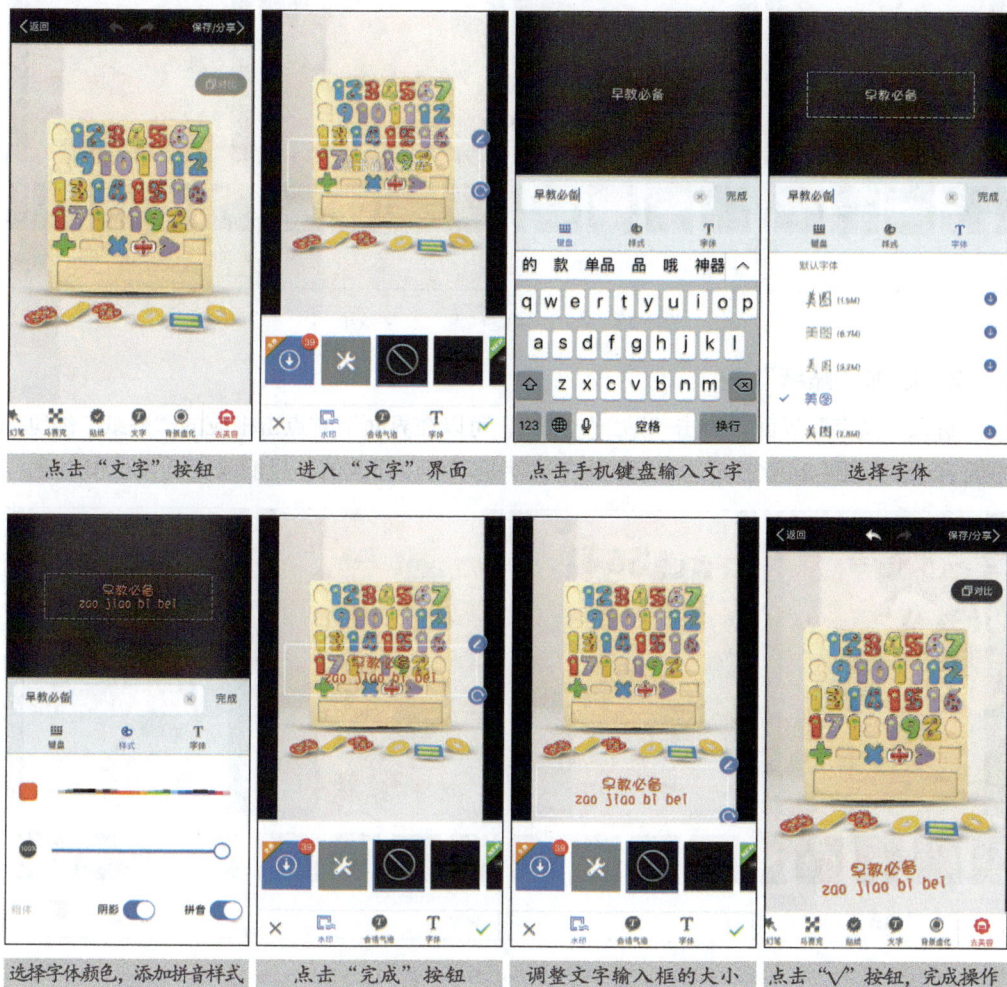

点击"文字"按钮	进入"文字"界面	点击手机键盘输入文字	选择字体
选择字体颜色，添加拼音样式	点击"完成"按钮	调整文字输入框的大小	点击"√"按钮，完成操作

图4-22　添加普通文字效果

2. 添加"会话气泡"

进入"文字"界面，可以在下方点击相应的"会话气泡"缩览图应用该效果，还可以对其中的文字进行修改，增加商品照片的趣味性，如图4-23所示。

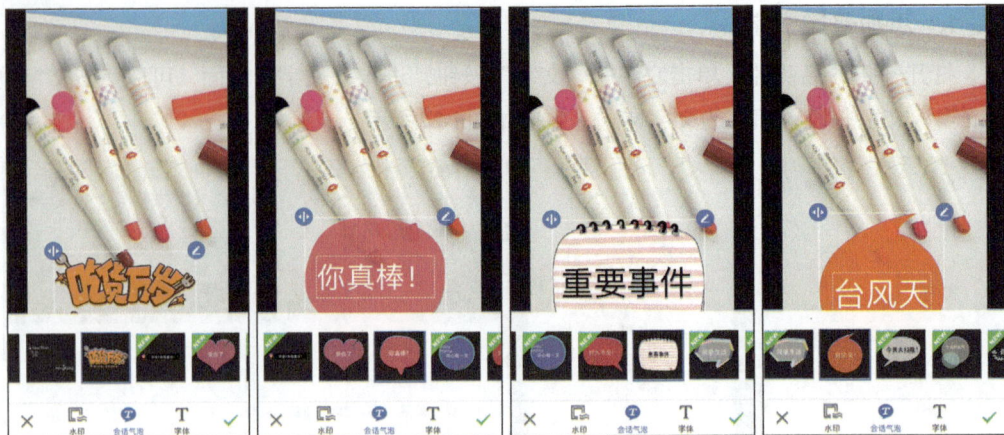

图4-23 添加"会话气泡"文字效果

3. 添加"贴纸"

进入"文字"界面，点击"贴纸"按钮，可以在界面下方点击相应的"贴纸"缩览图添加效果，如图4-24所示。"贴纸"中的文字是不可以修改的，只能改变其大小和角度。

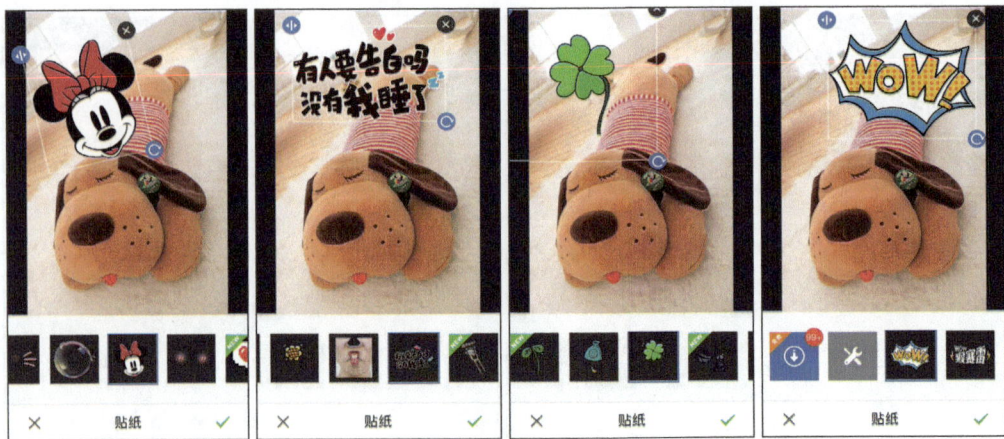

图4-24 添加"贴纸"效果

》》 4.1.8 为商品照片添加背景虚化效果

使用美图秀秀APP可以将商品照片的背景制作成虚化效果，从而起到突显商品主体的作用。打开一张照片，点击底部的"背景虚化"按钮进入其界面，可以根据需要点击不同的样式，对照片背景进行虚化处理，如图4-25所示。

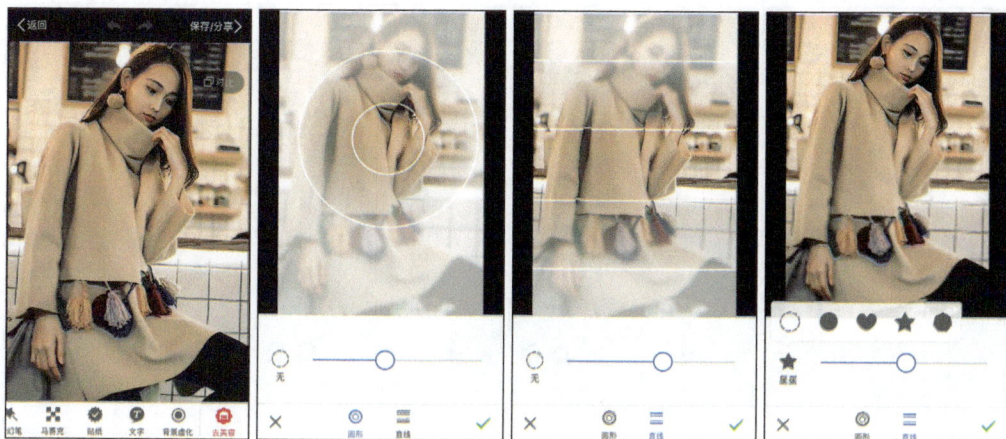

图4-25　添加"背景虚化"效果

4.1.9　微店模特照片美化

在美图秀秀主界面点击"人像美容"按钮，打开一张模特照片，点击底部的"一键美颜"按钮进入其界面，可以点击不同的美颜模式，让照片中的模特变得完美无瑕，如图4-26所示。

图4-26　"一键美颜"效果

美图秀秀APP中除了一键美颜功能外，还提供了磨皮美白、祛斑祛痘、瘦脸瘦身、去皱、高光笔、增高、眼睛放大、祛黑眼圈、亮眼等其他功能，可以根据需要对微店中的模特照片进行快速修饰，如图4-27所示。

| 磨皮美白 | 祛斑祛痘 | 瘦脸瘦身 | 去皱 |

图4-27　部分美容效果

▶▶ 4.1.10　完美拼合商品照片

使用美图秀秀可以将多张商品图片按照不同的组合形式拼贴成一张图片，制作出特殊的拼图效果。

在美图秀秀主界面点击"拼图"按钮，打开几张需要拼图的照片，然后选择合适的拼图模板即可，如图4-28所示。

图4-28　拼图效果

4.2　使用Photoshop在计算机上精细修图

Photoshop是Adobe公司推出的重量级图像处理软件，它集图像扫描、编辑修改、图像制作、广告创意、图像输入与输出于一体，深受广大平面设计人员和计算机美术爱好者的青睐。通过学习本节内容，可以通过多种方式对商品照片的瑕疵进行修复和优化。

4.2.1 使用仿制图章工具去除多余图像

仿制图章工具▲用于复制图像的内容，它可以将一幅图像的全部或部分复制到同一幅图像或另一幅图像中。

选择仿制图章工具▲，在其工具选项栏中选择合适的画笔大小，然后将鼠标指针移到图像窗口中，按住【Alt】键的同时单击进行取样，然后移动指针到当前图像的其他位置或另一幅图像中，按住鼠标左键并拖动，即可复制取样的图像，如图4-29所示。

图4-29 使用仿制图章工具复制图像

选择工具箱中的仿制图章工具▲，其工具属性栏如图4-30所示。

图4-30 仿制图章工具属性栏

在应用取样的图像源时，若由于某些原因中止，当再次仿制图像时，如果选中"对齐"复选框，仍可从上次仿制结束的位置开始；若未选择该复选框，则每次仿制图像时将从取样点的位置开始应用，如图4-31所示。

部分取样　　　　　　　选中"对齐"复选框　　　　　　未选中"对齐"复选框

图4-31 应用取样的图像源

4.2.2 使用修补工具修复图像瑕疵

修补工具▒适用于对图像的某一块区域进行整体的操作，修补时先要创建一个选区，将需要修补的区域选中，然后将选区拖到其他要修改的区域即可，图4-32所示为修补工具的属性栏。

图4-32　修补工具属性栏

该工具属性栏中各选项的含义如下。

◎**源**：选中该单选按钮后，如果将源图像选区拖至目标区域，则源区域图像将目标区域的图像覆盖。

◎**目标**：选中该单选按钮，表示将选定区域作为目标区域，用其覆盖需要修补的区域。

◎**透明**：选中该复选框，可以将图像中差异较大的形状图像或颜色修补到目标区域中。

◎**使用图案**：创建选区后该按钮将被激活，单击其右侧的下拉按钮，可以在打开的图案列表中选择一种图案，以对选区内的图像进行图案修复。

图4-33所示为利用修补工具修复图像的过程和效果。

原图像　　　　使用修补工具创建选区　　　　移动选区　　　　最终修补效果

图4-33　修复图像

▶▶ 4.2.3　使用修复画笔工具修复图像

使用修复画笔工具 ✐ 可以从图像中取样或用图案来填充图像，以达到修复图像的目的。如果需要修饰大片区域或需要更大程度地控制取样来源，可选择使用修复画笔工具。

选择工具箱中的修复画笔工具 ✐，其工具属性栏如图4-34所示。

图4-34　修复画笔工具属性栏

在该属性栏中可以设置取样方式，具体如下。

◎**取样**：选中该单选按钮，可以从图像中取样来修复有缺陷或多余的图像。

◎**图案**：选中该单选按钮，将使用图案填充图像。该工具在填充图案时将根据周围的图像来自动调整图案的色彩和色调。

选择修复画笔工具 ✎，按住【Alt】键，当鼠标指针呈 ⊕ 形状时，在图像中没有污损的地方单击进行取样，然后松开【Alt】键，单击有污损的地方，即可将刚才取样位置的图像复制到当前单击位置。图4-35所示为利用修复画笔工具去除多余图像的前后对比效果。

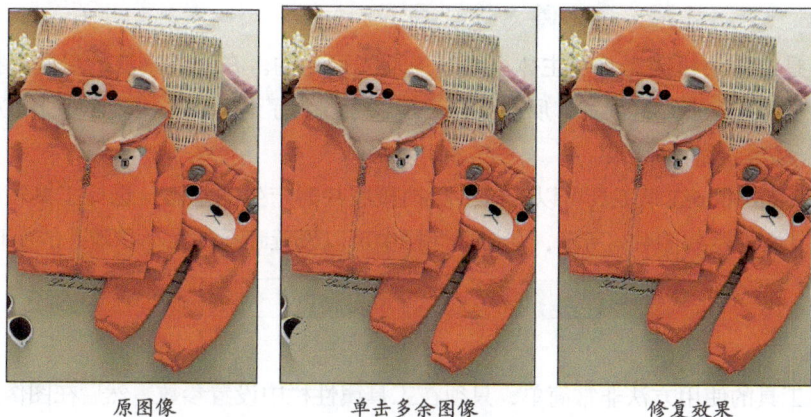

| 原图像 | 单击多余图像 | 修复效果 |

图4-35　去除多余图像前后对比效果

4.2.4　使用模糊工具模糊局部图像

使用模糊工具 ◌ 可以使图像产生模糊的效果，从而柔化图像，减少图像细节。选择模糊工具 ◌ 后，在图像中按住鼠标左键并拖动，即可进行模糊操作。如图4-36所示为使用模糊工具 ◌ 模糊图像前后的对比效果。

图4-36　模糊图像前后对比效果

选择工具箱中的模糊工具 ◌，其工具属性栏如图4-37所示。

图4-37　模糊工具属性栏

其中，各选项的含义如下。

◎**模式**：用于设置操作模式，其中包括"正常""变暗""变亮""色相""饱和度""颜色"和"亮度"等模式。

◎**强度**：用于设置模糊的程度，数值越大，模糊的程度就越明显。

◎**对所有图层取样**：选中该复选框，即可对所有图层中的对象进行模糊操作；取消选择该复选框，则只对当前图层中的对象进行模糊操作。

4.2.5　使用红眼工具去除人物红眼

红眼是由于相机闪光灯在主体视网膜上反光引起的。在光线暗淡的房间里拍摄照片时，由于人的虹膜张开得很宽，所以就会出现红眼。为了避免红眼，现在很多数码相机都有红眼去除功能来消除红眼。

利用Photoshop红眼工具可以轻松去除拍摄照片时产生的红眼。选择工具箱中的红眼工具 ，其属性栏如图4-38所示，在该属性栏中可以设置瞳孔的大小和瞳孔的变暗量。

图4-38　红眼工具属性栏

红眼工具的使用方法非常简单，只须在工具属性栏中设置参数，然后在图像红眼位置单击鼠标左键，即可修复红眼，图4-39所示为使用红眼工具修复人像红眼前后对比效果。

图4-39　修复红眼前后对比效果

4.2.6　微店图片的抠图技巧

将图像中需要的部分从画面中精确地提取出来，是商品照片处理中最常见的操作之一，我们称之为"抠图"，抠图是后续图像处理的重要基础。在Photoshop中可以通过多种方式对照片中的商品进行抠取，本节针对不同背景的商品照片，介绍如何使用Photoshop中的工具将商品抠取出来。

1．使用魔棒工具抠图

魔棒工具 是根据图像的饱和度、色度和亮度等信息来确定选取范围的，通过调整容差值来控制选区的精确度。

选择工具箱中的魔棒工具 ，其工具属性栏如图4-40所示。

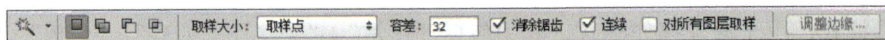

图4-40　魔棒工具属性栏

其中，部分选项的含义如下。

◎**容差**：指容许差别的程度。在选择相似的颜色区域时，容差值默认为32。容差值越大，则选择的范围越大，反之越小。

◎**连续**：该复选框决定是否将不相连但颜色相同或相近的区域一起选中。

◎**对所有图层取样**：选中该复选框，可以在所有可见图层上选取相近的颜色；若取消选择该复选框，则只能在当前可见图层上选取颜色。

打开一张背景颜色单一的商品图片，选择魔棒工具，在白色背景上单击鼠标左键，即可选中白色区域，单击鼠标右键，在弹出的快捷菜单中选择"选择反向"命令反选选区，按【Ctrl+J】组合键复制选区内的图像，并隐藏"背景"图层，即可将商品抠取出来，如图4-41所示。

图4-41　使用魔棒工具抠取图像

2. 使用磁性套索工具去除图像背景

磁性套索工具是一种智能化、可以识别图像边界的选择工具，适用于选择背景复杂但边缘清晰的图像。

在工具箱中选择磁性套索工具后，将鼠标指针移到图像中，在图像窗口中单击鼠标左键，创建选区的起始点，然后沿着需要的轨迹移动鼠标，系统会自动创建锚点来定位选区的边界。

如果系统创建的锚点不符合用户的需求，则可以在移动的过程中单击自己定义的锚点位置，最后将鼠标指针移到起始点处，当鼠标指针变成形状时单击鼠标左键，即可创建选区，如图4-42所示。

图4-42　使用磁性套索工具创建选区

选择磁性套索工具 后，其工具属性栏如图4-43所示。

图4-43　磁性套索工具属性栏

磁性套索工具相对于其他选择工具有几个不同的参数，其含义如下。

◎**宽度**：用于设置磁性套索工具在选取时鼠标指针两侧的检测宽度，取值范围为0~256像素。数值越小，检测的范围就越小，选取也就越精确。

◎**对比度**：用于控制磁性套索工具在选取时的敏感度，范围为1%~100%。数值越大，磁性套索工具对颜色反差的敏感程度越低。

◎**频率**：用于设置自动插入的节点数，取值范围为0~100。数值越大，生成的节点数就越多。

3. 使用快速选择工具选取图像

快速选择工具 是魔棒工具 的升级，同时又结合了画笔工具的特点，其默认选择光标周围与光标范围内的颜色类似且连续的图像区域，因此光标的大小决定着选取范围的大小。

选择工具箱中的快速选择工具 ，在工具属性栏中调整工具笔尖大小，然后在图像中按住鼠标左键并拖动，松开鼠标即可创建选区，如图4-44所示。

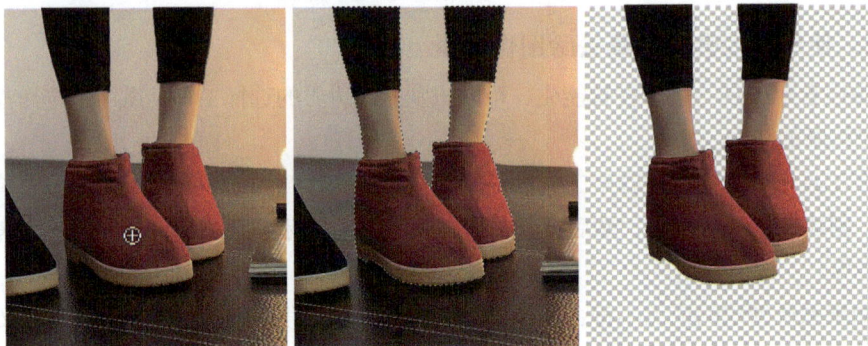

图4-44　使用快速选择工具创建选区

选择工具箱中的快速选择工具 ，其工具属性栏如图4-45所示。

图4-45　快速选择工具属性栏

其中，部分选项的含义如下。

◎ ：在快速选择工具选项栏中单击 按钮，在图像中单击或拖动鼠标，可以创建选区；单击 按钮，在图像中单击或拖动鼠标，可以在已有选区的基础上增加选区的范围；单击 按钮，在图像中单击或拖动鼠标，可以在已有选区的基础上减少选区的范围。

◎ [▓:] ：单击右侧的下拉按钮，可以在弹出的下拉面板中设置画笔参数。快速选择工具是基于画笔的选区工具，在创建较大的选区时可以将画笔直径设置得大一些；而创建比较精确的选区时，则可以将画笔直径设置得小一些。

◎ [□ 自动增强] ：选中该复选框，将减少选区边缘的粗糙度和块效应。

4. 使用钢笔工具抠取精细图像

钢笔工具 ⚲ 是绘制路径的基本工具，使用钢笔工具 ⚲ 可以绘制出各种各样的路径。选择工具箱中的钢笔工具 ⚲ ，其工具属性栏如图4-46所示。

图4-46　钢笔工具属性栏

其中，各选项的含义如下。

◎ [路径 ▾] ：用于选择钢笔工具模式，其中包括"形状""路径"和"像素"3种钢笔工具模式。

◎ **选区**：单击该按钮，可以建立选区并设置选区的羽化半径像素。

◎ **蒙版**：单击该按钮，可以新建矢量蒙版。

◎ **形状**：单击该按钮，可以新建形状图层。

◎ [▣] ：单击该按钮，可以选择"新建图层""合并形状""减去顶层形状""与形状区域相交""排除重叠形状"和"合并形状组件"6种路径操作模式。

◎ [▣] ：单击该按钮，可以选择路径对齐方式。

◎ [▧] ：单击该按钮，可以选择"将形状置为顶层""将形状前移一层""将形状后移一层"和"将形状置为底层"4种路径排列方式。

◎ **自动添加/删除**：选中该复选框，可以让用户在单击线段时添加锚点，或在单击锚点时删除锚点。

绘制直线路径的方法如下。

选取钢笔工具 ⚲ ，在图像窗口中单击确定起始锚点；移动鼠标指针到下一个位置并单击鼠标左键，创建第二个锚点，即可得到一条直线段，如图4-47所示。

图4-47　绘制直线路径

继续在其他位置单击鼠标左键，确定其他锚点。最后添加的锚点总是显示为实心方形，表示已选中状态。当添加更多的锚点时，以前定义的锚点会变成空心并被取消选择。当移动鼠标指针到起始锚点处时，钢笔的右下角会出现一个小圆圈，单击鼠标左键即可闭合路径，如图4-48所示。

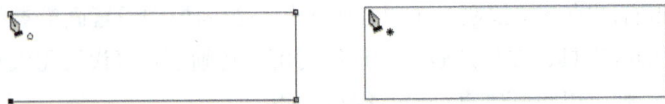

图4-48　绘制闭合路径

选择钢笔工具 ✐，将钢笔工具定位到曲线的起点并按住鼠标左键，此时会出现第一个锚点，同时钢笔工具变为箭头形状▶，拖动以设置要创建曲线段的斜度，然后松开鼠标，如图4-49所示。一般来说，应将方向线向计划绘制的下一个锚点延长约1/3的距离。

图4-49　绘制曲线路径

将钢笔工具 ✐定位到希望曲线段结束的位置，然后执行以下操作之一：若要创建C形曲线，可向前一条方向线的相反方向拖动，然后松开鼠标，如图4-50所示；要创建S形曲线，可按照与前一条方向线相同的方向拖动，然后松开鼠标，如图4-51所示。

图4-50　创建C形曲线　　　　　　图4-51　创建S形曲线

继续从不同的位置拖动钢笔工具，以创建一系列平滑曲线。需要注意的是，应将锚点放置在每条曲线的开头和结尾，而不是曲线的顶点，并单击远离所有对象的任何位置。

打开一张商品照片，使用钢笔工具 ✐单击鼠标左键，绘制第一个锚点，然后沿着商品将鼠标移至另一个位置，单击鼠标左键并拖动，绘制第二个锚点。按住【Alt】键的同时单击第二个锚点，将其转换为角点，此时该锚点只有左侧的一个调杆，如图4-52所示。

图4-52　创建路径锚点

采用同样的方法，使用钢笔工具勾勒出商品的轮廓，然后按【Ctrl+Enter】组合键，将路径转换为选区，按【Ctrl+J】组合键后隐藏"背景"图层，即可将商品抠取出来，如图4-53所示。

图4-53　抠取精细图像

4.2.7　微店图片的调色技巧

在实际处理微店商品照片的过程中，常常需要对图片的颜色进行调整，以得到更加吸引人的色彩。Photoshop提供了很多色彩和色调调整工具，可以轻松地帮助用户调整图像，从而得到完美的色彩效果。

1. 使用"色相/饱和度"命令调整照片色彩浓度

使用"色相/饱和度"命令可以对色彩的三大属性，即色相、饱和度和明度进行调整。打开一张商品照片，单击"图像"|"调整"|"色相/饱和度"命令，弹出"色相/饱和度"对话框，选择"黄色"选项，并对"色相"和"饱和度"参数值进行设置，效果如图4-54所示。

在"色相/饱和度"对话框中，各选项的含义如下。

◎**色相**：色相是各类色彩的相貌称谓，用于改变图像的颜色。在"色相"文本框中输入数值或左右拖动滑块，可以调整图像的颜色。

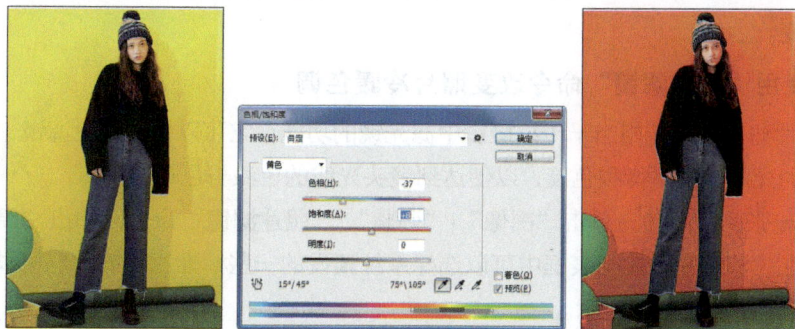

图4-54　调整图像的色相/饱和度

◎**饱和度**：用于设置色彩的鲜艳程度。在"饱和度"文本框中输入数值或左右拖动滑块，可以调整图像的饱和度。

◎**明度**：用于设置图像的明暗程度。在"明度"文本框中输入数值或左右拖动滑块，可以调整图像的亮度。

◎**着色**：选中该复选框，可以使灰色或彩色图像变为单一颜色的图像，此时在"全图"下拉列表框中默认选中"全图"选项。

2. 使用"色彩平衡"命令调整照片的颜色

"色彩平衡"命令是通过调整各种色彩的色阶平衡来校正图像中出现的偏色现象，更改图像的总体颜色混合。打开一张商品照片，单击"图像"|"调整"|"色彩平衡"命令，弹出"色彩平衡"对话框，对各项参数进行设置，单击"确定"按钮，即可调整图像的偏色，如图4-55所示。

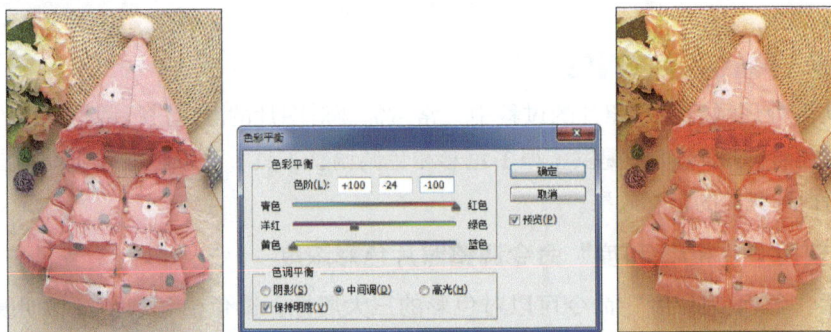

图4-55 调整图像的色彩平衡

在"色彩平衡"对话框中，各选项的含义如下。

◎**色彩平衡**：该区域用于设置调整颜色均衡。将滑块向所要增加的颜色方向拖动，即可增加该颜色，减少其互补颜色。

◎**色调平衡**：该选项区用于设置色调范围，通过"阴影""中间调"和"高光"3个单选按钮进行设置。选中"保持明度"复选框，可以在调整颜色平衡过程中保持图像的整体亮度不变。

3. 使用"照片滤镜"命令改变照片冷暖色调

"照片滤镜"功能相当于传统摄影中滤光镜的功能，它可以模拟彩色滤镜，调整通过镜头传输的光的色彩平衡和色温，以便达到镜头光线的色温与色彩的平衡。

打开一张商品照片，单击"图像"|"调整"|"照片滤镜"命令，弹出"照片滤镜"对话框，在"滤镜"下拉列表框中可以选择系统预设的一些标准滤光镜，也可以自己设置滤光镜的颜色，如图4-56所示。

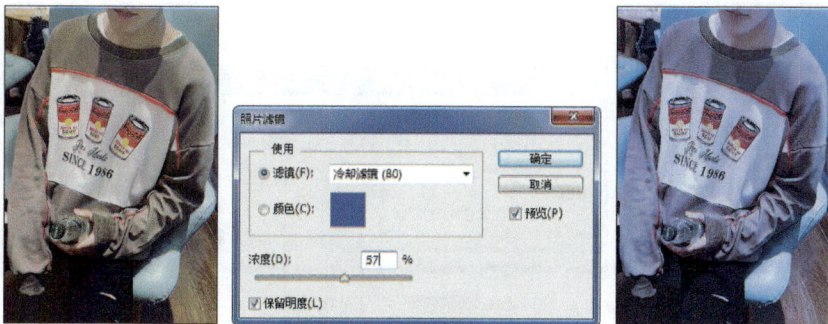

图4-56　调整图像的冷暖色调

4．使用"可选颜色"命令调整照片局部色调

使用"可选颜色"命令可以对图像进行校正和调整，主要针对RGB、CMYK和黑白灰等主要颜色的组成进行调节。可以选择性地在图像某一主色调成分中增加或减少含量，而不影响其他主色调。打开一张商品照片，单击"图像"|"调整"|"可选颜色"命令，弹出"可选颜色"对话框，在"颜色"下拉列表框中可以选择要进行操作的颜色种类，然后分别拖动4个颜色滑块，以进行颜色调整，如图4-57所示。

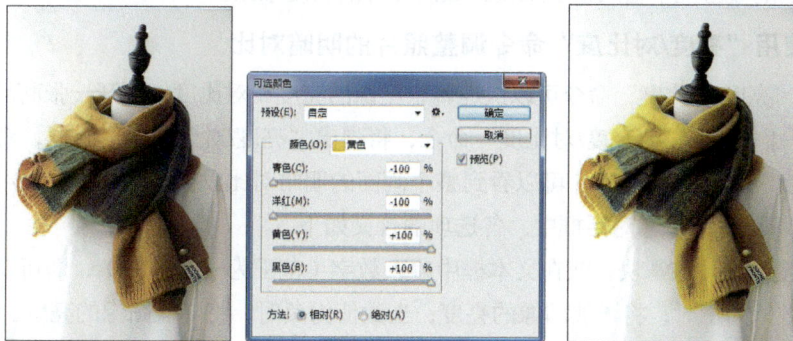

图4-57　调整图像的局部色调

▶▶ 4.2.8　微店图片的影调处理

在Photoshop中，可以通过多种方式对不满意的商品照片影调进行调整，通过提高亮部、增强暗调的方式让照片快速恢复清晰的影像。

1．使用"曝光度"命令调整照片的光线明暗

"曝光度"命令用于调整HDR图像的色调，也常用于调整曝光不足或曝光过度的数码照片。打开一张商品照片，单击"图像"|"调整"|"曝光度"命令，将弹出"曝光度"对话框，设置相应的参数值，即可提高照片的亮度，效果如图4-58所示。

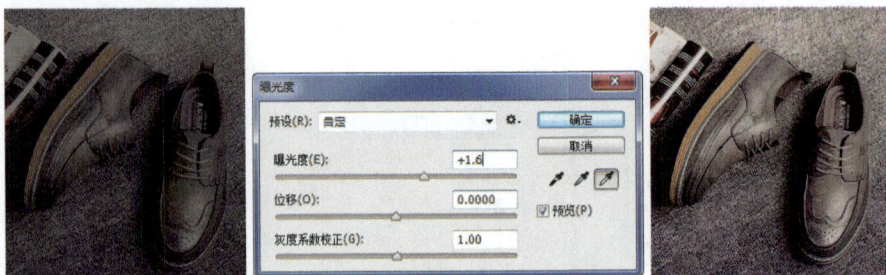

图4-58　调整照片的光线明暗

在"曝光度"对话框中，各选项的含义如下。

◎**曝光度**：用于设置图像的曝光度，通过增强或减弱光照强度使图像变亮或变暗。

设置正值或向右拖动滑块，可以使图像变亮；设置负值或向左拖动滑块，可以使图像变暗。

◎**位移**：用于设置阴影或中间调的亮度，取值范围为-0.5~0.5。设置正值或向右拖动滑块，可以使阴影或中间调变亮。此选项对高光区域的影响相对比较轻微。

◎**灰度系数校正**：使用简单的乘方函数来设置图像的灰度系数。可以通过拖动该滑块或在其后面的数值框中输入数值来校正数码照片的灰度系数。

2.　使用"亮度/对比度"命令调整照片的明暗对比

使用"亮度/对比度"命令可以快速调整图像的亮度和对比度。打开一张商品照片，单击"图像"|"调整"|"亮度/对比度"命令，将弹出"亮度/对比度"对话框，对"亮度"和"对比度"分别进行设置，可以看到整个画面的明暗对比发生了变化，如图4-59所示。

在"亮度/对比度"对话框中，各选项的含义如下。

◎**亮度**：拖动该滑块，或在文本框中输入数字（范围为-100~100），即可调整图像的明暗。当数值为正时，将增加图像的亮度；当数值为负时，将降低图像的亮度。

◎**对比度**：用于调整图像的对比度。当数值为正数时，将增加图像的对比度；当数值为负时，将降低图像的对比度。

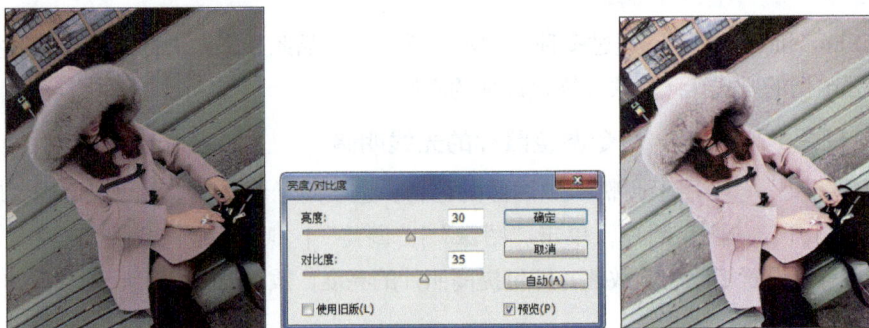

图4-59　调整照片的明暗对比

3. 使用"色阶"命令对照片的局部进行明暗处理

"色阶"命令是最常用到的调整命令之一。利用"色阶"命令可以通过修改图像的阴影区、中间调区和高光区的亮度水平来调整图像的色调范围和色彩平衡，常用于调整曝光不足或曝光过度的图像，也可以用于调整图像的对比度。

打开一张商品照片，单击"图像"|"调整"|"色阶"命令或按【Ctrl+L】组合键，将弹出"色阶"对话框。

在"色阶"对话框中，黑色滑块代表图像的暗部，灰色滑块代表图像的中间色调，白色滑块代表图像的亮部。用户可以通过拖动黑、灰、白滑块或输入数值来调整图像的暗调、中间调和亮调，如图4-60所示。

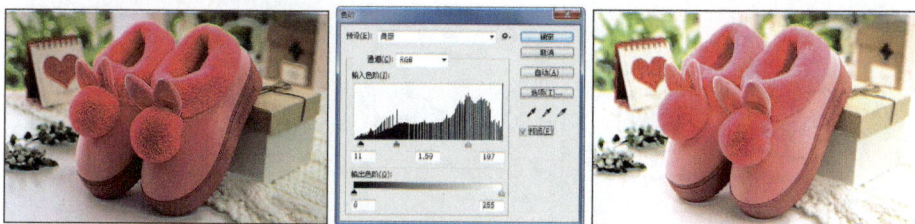

图4-60　调整照片的局部明暗关系

4. 使用"曲线"命令调整色调

"曲线"命令也是Photoshop中最常用的色调调整命令之一，它可以在暗调到高光这个色调范围内对图像中多个不同点的色调进行调整。

单击"图像"|"调整"|"曲线"命令或按【Ctrl+M】组合键，可以打开"曲线"对话框。对于色调偏暗的RGB颜色模式的图像，可以将曲线调整至上凸的形态，使图像变亮，如图4-61所示。

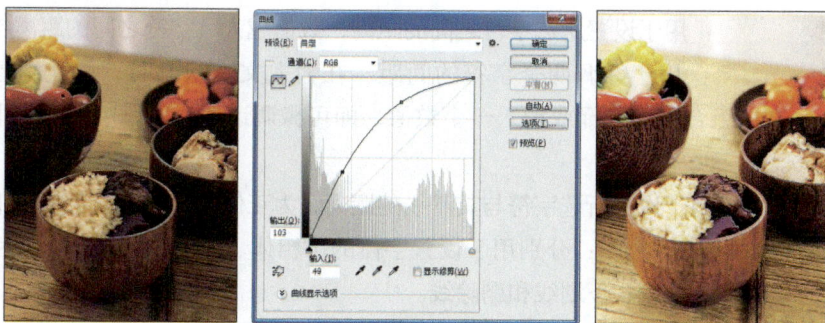

图4-61　调整照片的色调

对于色调偏亮的RGB颜色模式的图像，可以将曲线调整至下凹的形态，使图像变暗。

对于色调对比度不明显的照片，可以调整曲线为S形，使图像亮处更亮、暗处更暗，从而增大图像的对比度。

4.2.9 微店图片的文字编辑

在微店图片设计中，成功地运用文字不仅可以点明商品的主题，直观地将信息传达给消费者，还可以增强画面的感染力。在Photoshop中可以添加各式各样的文字，下面将对文字的编辑操作进行详细介绍。

1. 添加单行或单列文字

在文字工具组中，各文字工具的属性栏是相同的。用户可以通过使用横排文字工具 **T** 和直排文字工具 **IT** 创建点文字、段落文字和路径文字，通过"字符"面板对文字的字体、字号、颜色等进行设置，如图4-62所示。

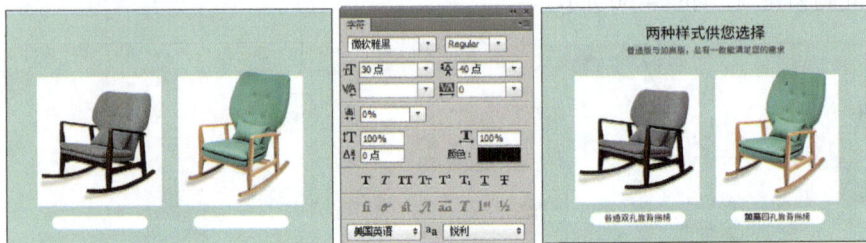

图4-62 使用横排文字工具添加点文字

"字符"面板主要选项的含义如下。

◎ 微软雅黑 ▼ ：用于设置文本的字体。

◎ T 30点 ▼ ：用于设置文字的大小。

◎ 40点 ▼ ：用于设置所选文字的行与行之间的距离。

◎ IT 100% ：用于设置所选字符的垂直缩放比例。

◎ T 100% ：用于设置所选字符的水平缩放比例。

◎ 0% ▼ ：用于设置两个字符间的字距比例，数值越大，字距越小。

◎ VA 0 ▼ ：用于设置所选字符之间的距离，数值越大，字符之间的距离越大。

◎ VA ▼ ：用于微调两个字符的间距。在输入文本状态时，将光标置于两个字符之间，在该组合框中选择或输入一个数值，即可微调这两个字符的间距，取值范围为-100~200。

◎ A 0点 ：用于设置所选字符与其基线的距离，为正值的上移，为负值的下移。

◎ **T** *T* **TT** Tᵣ Tᵗ T₁ T T ：分别用于设置字体的仿粗体、仿斜体、全部大写字母、小型大写字母、上标、下标、下划线和删除线。

2. 添加段落文字

选择横排文字工具 **T** 将鼠标指针移至图像窗口中，此时指针呈 形状，按住鼠标左键并拖动，当达到所需的位置后松开鼠标，即可绘制一个文本框。此时在文本框中将出现闪烁的光标，在其中输入段落文字。输入完毕后按【Ctrl+Enter】组合键即可确认操作，如

图4-63所示。

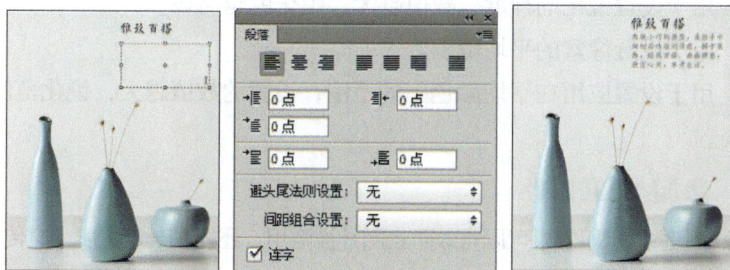

图4-63　输入段落文字

"段落"面板主要选项的含义如下。

◎ ：用于设置文本的对齐方式，从左至右依次为"左对齐文本""居中对齐文本""右对齐文本""最后一行左对齐""最后一行居中对齐""最后一行右对齐"和"全部对齐"。

◎ ：用于设置段落的左缩进。对于直排文字，该选项可控制从段落顶端的缩进。

◎ ：用于设置段落的右缩进。对于直排文字，该选项可控制从段落底部的缩进。

◎ ：若想在段前添加空格，则在其中输入点数即可对段前位置进行设置。

◎ ：若想在段后添加空格，则在其中输入点数即可对段后位置进行设置。

4.2.10　锐化图像细节

在拍摄过程中可能会由于相机、拍摄手法等问题，拍出来的效果和实物会有所差别。通过Photoshop中的"UMS锐化"滤镜可以轻松增强模糊图像的细节，使其变得清晰。该滤镜是所有"锐化"滤镜中锐化效果最强的，它兼有"进一步锐化""锐化"和"锐化边缘"3种滤镜的所有功能。

打开一张商品照片，单击"滤镜"|"锐化"|"UMS锐化"命令，在弹出的"UMS锐化"对话框中设置各项参数值，单击"确定"按钮后，可以看到此时的商品细节显得更加清晰，如图4-64所示。

图4-64　锐化图像细节

"UMS锐化"对话框中各选项的含义如下。

◎**数量**：用于设置锐化的程度，数值越大，锐化就越明显。

◎**半径**：用于设置像素的平均范围。

◎**阈值**：用于设置应用在平均颜色上的范围，设置的数值越大，锐化范围就越大，锐化效果就越淡。

4.2.11　添加水印效果

在商品照片上添加水印效果可以有效防止图片被盗用，还能在一定程度上宣传自己的店铺。

打开一张商品照片，并设置好字体、字号、颜色等，在"图层"面板中选中添加的文本图层，更改图层的"不透明度"选项的参数为60%，降低其显示效果，即可完成照片水印的添加，如图4-65所示。

图4-65　添加水印

4.2.12　添加边框效果

使用Photoshop为商品照片添加边框效果，可以使图像更有凝聚感，视觉更集中，表达的主题更直接。

"描边"图层样式可以使图像的边缘产生描边效果，用户可以设置描边的宽度、位置和颜色，如图4-66所示。

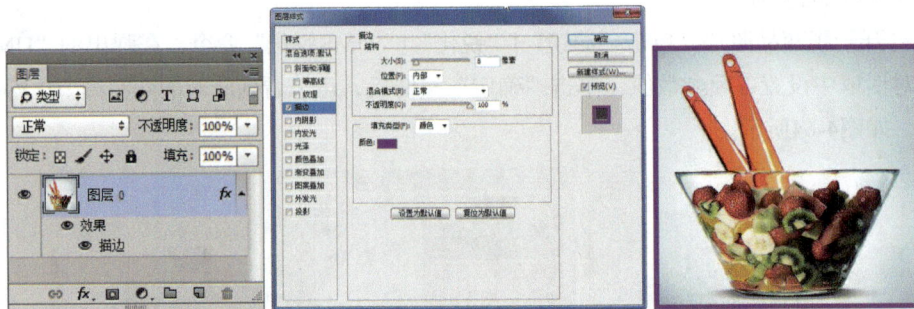

图4-66　添加边框效果

4.2.13　微店图片的批量处理

在进行商品照片处理时，有时会出现需要对多张照片同时进行操作的情况，这时可以使用Photoshop为用户提供的"文件"菜单"自动"命令下的"批处理"命令来进行批量文件的处理。

"批处理"命令可以对一个文件夹中的所有文件运行操作。单击"文件"|"自动"|"批处理"命令，弹出"批处理"对话框，对各选项进行设置，完成后单击"确定"按钮，Photoshop会根据设置的批量处理的文件和处理方式对文件进行编辑，并将其保存到指定位置，如图4-67所示。

图4-67　批处理商品照片

课后实操题

【练习知识要点】使用钢笔工具抠取商品图像，使用色阶和曲线调整图像颜色，使用文字工具输入促销文字。

【素材所在位置】素材/第4章/制作芒果促销海报/01.jpg、02.png、03.jpg。

【效果所在位置】效果/第4章/制作芒果促销海报.psd，效果如图4-68所示。

图4-68　制作芒果促销海报

第5章

微店页面设计装修实操

学习目标

❶ 掌握微店首页的制作方法。

❷ 掌握商品详情页的设计技巧。

❸ 熟练掌握微店底部导航设计的方法。

❹ 掌握自定义页面设计的方法。

图5-1所示为经过设计与装修的休闲食品微店首页案例效果。

图5-1　休闲食品微店首页装修效果

5.1　微店首页的设计

在微店中，由于页面位置有限，店主要想多方面展示商品，让顾客对店铺和商品有全面的了解，就必须对店铺页面进行规划、布局、设计。

微店的首页设计非常重要，它是微店设计中的重中之重。在设计微店首页前，店主要了解微店首页的主要功能并对微店框架有一个大致的构想，整理出一个清晰的设计思路，然后根据商品属性和目标人群的定位确定微店首页的设计风格。

5.1.1 微店首页的主要功能

微店首页主要由店铺招牌、微店公告、大图广告、商品展示四大部分构成。设计这四大部分时，需要注意以下内容。

1. 店铺招牌

店招是店铺的招牌，也是店铺文化的浓缩。由于店招在店铺首页最上方，位置比较显眼，属于店铺装修中一个非常关键的地方，所以店招一定要精心设计。

首先，店主需要考虑的是店铺招牌要给顾客传达什么样的信息；其次，店主需要对店铺风格进行定位，并使店招与之保持一致；再次，页面要简洁明了，字数不要过多；最后，店铺招牌要突出主体，千万不可喧宾夺主。如图5-2所示。

2. 微店公告

微店公告常以文字来说明店铺优势、商品卖点、促销信息或服务内容等。只要是能增加顾客对店铺的信任度且便于顾客浏览的相关信息，店主都可以将其展示在微店公告中。不过文字必须要简洁、清晰，要让顾客一看就懂，而且不会消磨顾客的耐心。

图5-2　微店店招

3. 焦点大图

无图不成焦点，焦点必须有图片。可以说，焦点图也是图片内容的一种展现形式。

具体来说，焦点大图设计就是由一张图片或多张图片将商品自动轮番播放展示在首页上。因为图片是动态的，因此具有一定的视觉吸引力，容易引起顾客的注意，如图5-3所示。

4. 商品分类

在店铺首页中，店主可以根据商品的特点将商品划分为几大类，并根据类别对商品进行排列。

一般来说，如果顾客有需求，进入店铺后他们首先会点开首页中的"商品分类"模

图5-3　焦点大图

块，然后根据商品类型选择符合自己需要的区域，从中寻找所需的商品。商品分类的布局很重要，店主一定要按照顾客浏览和购买习惯对商品进行分类，以便顾客快速找到所需商品，提升顾客的购物体验。

5. 商品展示

商品品展示一般可以分为"限时折扣""店长推荐"和"全部商品"三个模块。

◎限时折扣：在这个区域内展示给顾客的商品，全部都是店铺内的促销商品。对于顾客来说，当店铺有促销活动时，点击进入此模块后，第一时间就能找到商品促销区，浏览和购买商品比较方便。

◎店长推荐：在这个区域内展示的大多是店铺新上的商品，或者是店铺的爆款，抑或是某段时期内顾客最需要的商品。对于店主来说，有了这个区域，顾客会特别关注其中的商品，该区域帮助店铺推广新品的同时，也方便顾客购买所需商品。

◎全部商品：在这个区域内展示的商品是店铺内所有的商品。一般来说，顾客大多不会直接到这个区域内浏览商品，因为这里的商品太多，顾客没有太多的时间去寻找。但是，如果页面的大多商品符合顾客的品味和需求，那么很多顾客也会在此区域内逐一浏览，以便发现更多符合自己需求的商品。

▶▶ 5.1.2　微店首页的设计要求

在开始装修微店首页之前，首先要站在用户的角度去分析移动终端购物的用户使用习惯和购物环境，并思考如何通过页面装修引导消费。

1. 清晰的导购思路

用户在看手机的时候会比较放松，页面如果在4秒内不能吸引到他，那么就会被无情地刷走，因此拥有一个清晰的导购思路是非常重要的。微店首页的设计核心是模块化，官方对页面模块的数量也是有限制的，因此要利用有限的板块创造更多的价值。

一般微店首页是由以下几部分——店招、海报、分类入口、优惠券和单品展示等组成的，如图5-4所示。

2. 首页同一板块内不要超过3种颜色

在设计学中有一条"七秒定律"，有研究表明，人关注一个商品的时间通常为7秒，而这7秒的时间内影响70%的人购买的第一要素是色彩。

同一板块内不要超过3种颜色。这3种颜色我们可以看作是

图5-4　男装微店首页布局

主色、辅助色、点缀色。如图5-5所示的微店首页，粉色是主色，白色是辅助色，玫红色是点缀色。这样的配色方案就能让这个页面看起来十分和谐统一，因为微店首页的页面本身就很小，实在是不适合过多地卖弄色彩。

另外，在设计首页时可以多使用万能搭配色，如黑、白、灰等颜色。因为这些颜色比较百搭，跟任何颜色搭配起来都会比较和谐，容易表现出高端的感觉。背景色尽量以浅色调为主，因为在移动端上浏览时，浅色的背景色更能突出商品本身，使买家注意力集中在商品上。

3. 注重细节设计

（1）选取半身图或局部特写图。微店的首页大多是以"豆腐块"的形式展现的，范围有限，因此在选择图片上要尽量使用半身图或局部特写图，避免视觉上的不清晰感受。

（2）图片与图片之间的过渡搭配。如果全部都用半身图或特写图的话，页面就会显得单调和乏味，所以可以适当穿插一些全景图，有意识地调整页面的节奏，使整个页面更加和谐、活泼。

图5-5　空气净化器首页色彩搭配

（3）图文搭配的排列技巧。排版是为了和谐处理文字和图片的位置。在页面面积较小的情况下，图文搭配的巧妙排列能让画面看起来变得更大，还能避免因为"乱"和"杂"而产生的廉价感。

▶▶ 5.1.3　案例实操：休闲食品微店首页装修设计

下面以一个休闲食品微店为例介绍如何进行首页装修，具体操作方法如下。

首页装修

（1）打开奥派微店设计与装修实训软件，在页面左侧选择"页面设计-首页"。如选择自定义模板，则需要自主设计首页样式；选择其他模板，可套用该模板的样式，单击"应用"按钮，如图5-6所示。

（2）选择组件库中的"布局组件"选项卡，选择"店铺头部"组件并拖到手机中，如图5-7所示。

（3）在"组件设置"选项区中选择需要的店招样式，在此选择"样式四"，单击"下一步"按钮，如图5-8所示。

（4）单击"背景图片"右侧的"上传图片"按钮，在弹出的对话框中选择店招图片，单击"打开"按钮，如图5-9所示。

图5-6　选择模板

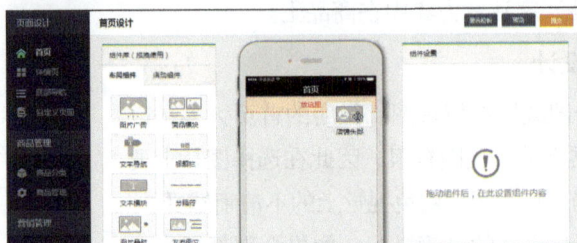

图5-7　拖入"店铺头部"组件

图5-8　选择店招样式

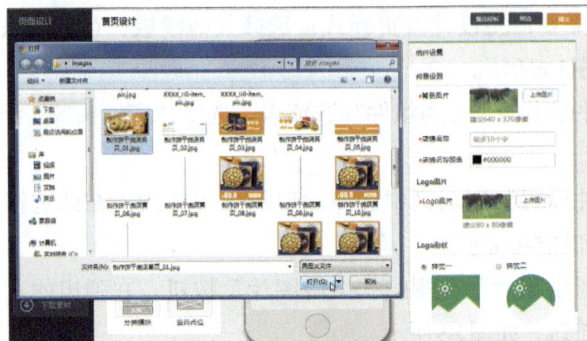

图5-9　上传店招图片

（5）设置店铺名称、店铺名称颜色，上传**Logo**图片，选择**Logo**形状后，单击"保存"按钮，如图5-10所示。

图5-10　设置店招其他选项

（6）拖动"文本模块"到手机中，输入文本内容后设置背景颜色、文本颜色和字体大小，单击"保存"按钮，如图5-11所示。

图5-11　添加"文本模块"组件

（7）拖动"分隔符"组件到手机中，在右侧选择"样式三"，单击"保存"按钮，如图5-12所示。

图5-12　添加"分隔符"组件

（8）拖动"图片广告"组件到手机中，在页面右侧选择"轮播广告"，单击"下一步"按钮，如图5-13所示。

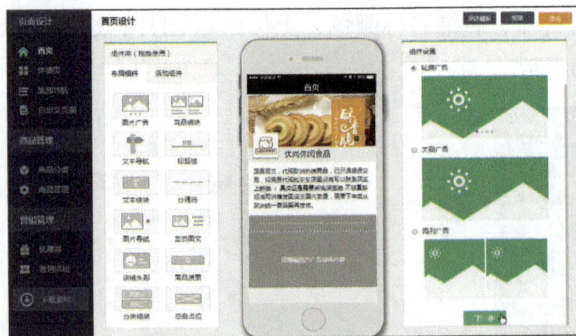

图5-13 添加"轮播广告"组件

（9）上传商品图片后单击"选择链接"按钮，在弹出的对话框中选择"分类链接"选项卡，选择相应的分类后单击"选择"按钮，如图5-14所示。

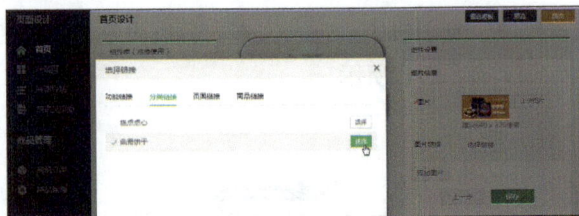

图5-14 选择图片链接

（10）单击"添加图片"按钮，采用同样的方法继续添加一张图片，单击"保存"按钮，如图5-15所示。

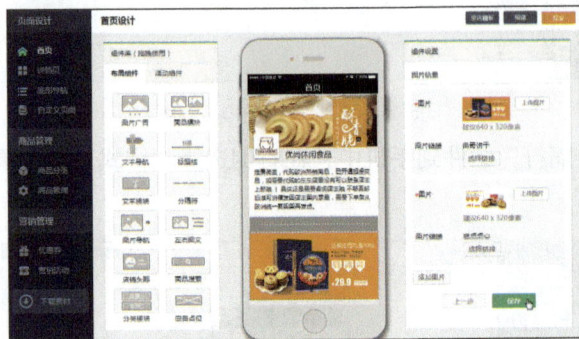

图5-15 添加其他图片

（11）拖动"分类模块"到手机中，在页面右侧选择"样式一"，单击"下一步"按钮，如图5-16所示。

图5-16　添加"分类模块"组件

（12）设置文字颜色和背景颜色，单击"添加分类"按钮，在弹出的对话框中选择商品分类，然后单击"保存"按钮，如图5-17所示。

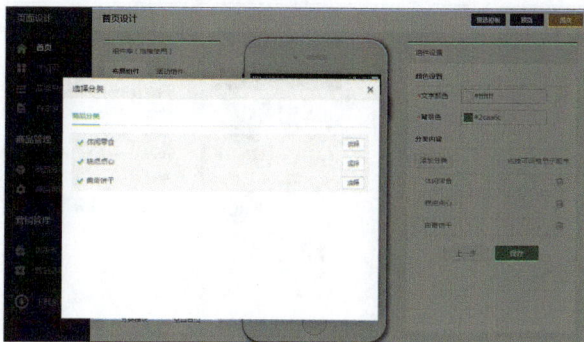

图5-17　设置分类选项

（13）拖动"商品模块"到手机中，在页面右侧选择合适的样式，如"样式一"，然后单击"下一步"按钮，如图5-18所示。

图5-18　添加"商品模块"组件

（14）在打开的页面中设置商品分类、筛选方式和商品数量等选项，然后单击"保存"按钮，如图5-19所示。

图5-19 设置商品模块选项

（15）继续添加"分隔符"和"商品模块"，完成设置后单击页面右上角的"提交"按钮，如图5-20所示。

图5-20 添加其他模块组件

（16）单击页面右上角的"预览"按钮，即可在手机中预览首页装修后的最终效果，如图5-21所示。

图5-21 预览首页装修效果

5.2　商品详情页的设计

商品详情页是电子商务网站中最容易与用户产生交集和共鸣的页面，详情页的设计极有可能会对用户的购买行为产生直接的影响。因此，商品详情页面的设计会涉及运营层面，要在美观、实用的基础上，将要表达的信息尽可能用直观的视角展现出来，再有意识地避免设计与运营之间的冲突。

5.2.1　商品详情页的主要功能

商品详情页是对商品的使用方法、材质、尺寸和细节等方面的内容进行展示。有的店家为了拉动店铺内其他商品的销售或提升店铺的品牌形象，还会在详情页面中添加搭配套餐、关联销售和公司简介等信息。

好的商品详情页可以激发顾客的消费欲望，树立顾客对店铺的信任感，打消顾客的疑虑，促使顾客下单，是提高转化率的重要入口，如图5-22所示。

图5-22　商品详情页

5.2.2　商品详情页的设计要求

设计商品详情页之前要充分进行市场调查、同行业调查，规避同款。同时，也要做好顾客调查，分析顾客人群，顾客的消费能力、顾客的喜好，以及顾客购买所在意的问题等。

不同类型的商品，顾客的需求程度是不一样的，因此顾客对商品详情页图片内容的需求程度也是不一样的。关于这一点，店主设计微店商品详情页时一定要多加注意。

商品详情页设计得好坏会直接影响顾客的购买决定，所以要想设计出一个能吸引顾客、留住顾客的商品详情页，店主一定要结合自己经营的商品特点来进行设计。

1. 商品主图

在商品详情页中，商品主图设计尤为重要。因为顾客在店铺浏览商品时，最先看到的图片就是商品主图，其基本的尺寸要求是640像素×640像素，如图5-23所示。设计商品主图时，图片要清晰，主体与背景要主次分明，图片中的文字大小要适中、简洁明了、突出卖点。只有这样，商品主图才更美观、更吸引人。

图5-23 商品主图

2. 商品价格

在商品详情页中，价格设计也是非常重要的一环，因为顾客购买商品最关注的就是商品价格，它能够直接决定顾客是否购买该商品。

设计商品价格时，店主一定要在商品质量的基础上，根据目标顾客的定位来分析目标顾客的收入情况，了解目标顾客比较容易接受的价格区间，从而设置一个较为合适的商品价格。

3. 商品描述

在商品详情页中，商品描述起到吸引顾客、提高商品成交率的作用。商品详情页应与宝贝主图、宝贝标题相契合，商品详情页必须真实地介绍宝贝的属性。假如标题或者主图中写的是韩版女装，但详情页是欧美风格，顾客一看不是自己想要的肯定会马上关闭页面。

商品描述图的宽度是640像素，高度不限，通常会使用标题栏的表现形式对页面中的信息内容进行分组，便于顾客阅读和理解，并掌握所需的商品信息。

在进行商品描述时，文字内容要尽量简短，突出商品的优点、特点和卖点。比如针对服装，商品描述中可以介绍质地、尺寸等。另外，商品描述要有逻辑性，要真实反映商品的基本信息。

商品描述页面在重新排列、展示商品细节的过程中，只能通过文字和图片这种静态信息类的沟通方式，这就要求店主在整个商品详情页面的布局中注意一个关键点，那就是阐述逻辑。图5-24所示为商品描述页面的框架结构分析。

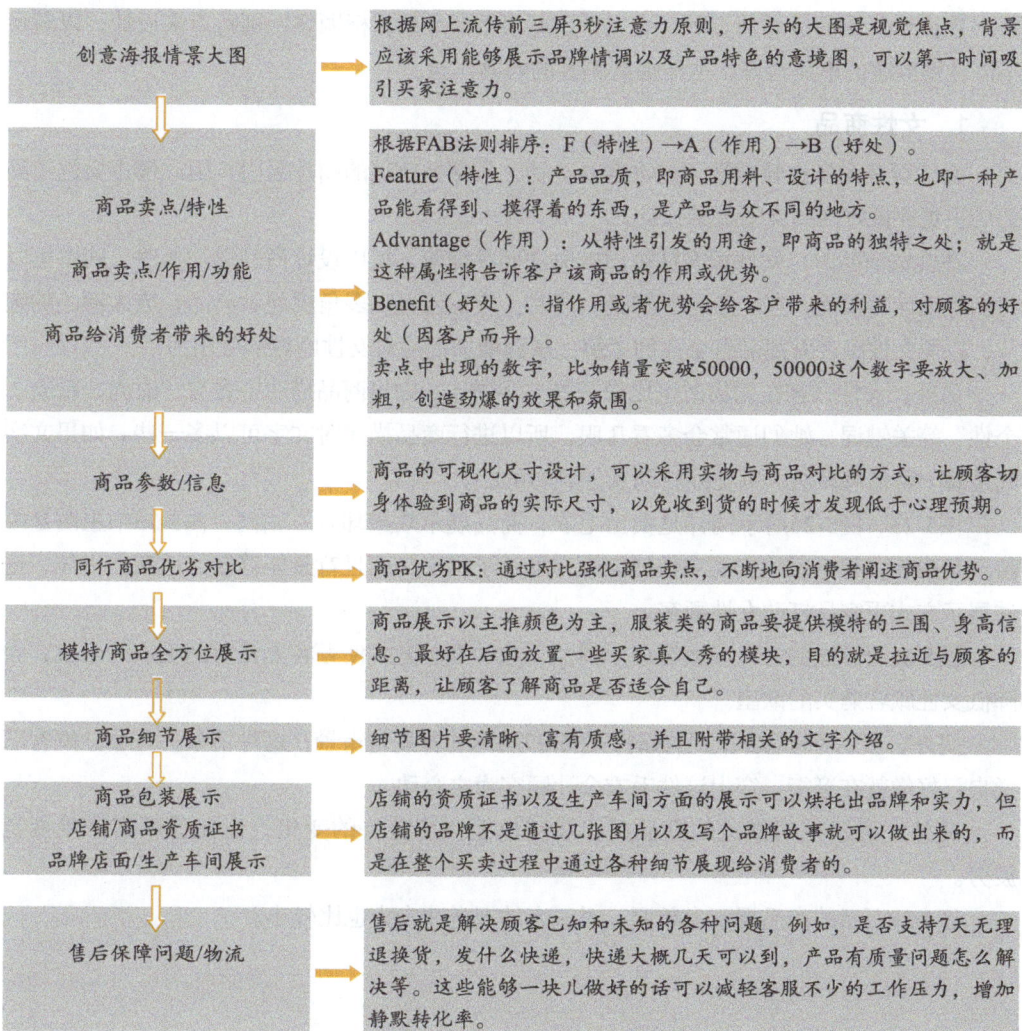

创意海报情景大图	根据网上流传前三屏3秒注意力原则，开头的大图是视觉焦点，背景应该采用能够展示品牌情调以及产品特色的意境图，可以第一时间吸引买家注意力。
商品卖点/特性 商品卖点/作用/功能 商品给消费者带来的好处	根据FAB法则排序：F（特性）→A（作用）→B（好处）。 Feature（特性）：产品品质，即商品用料、设计的特点，也即一种产品能看得到、摸得着的东西，是产品与众不同的地方。 Advantage（作用）：从特性引发的用途，即商品的独特之处；就是这种属性将告诉客户该商品的作用或优势。 Benefit（好处）：指作用或者优势会给客户带来的利益，对顾客的好处（因客户而异）。 卖点中出现的数字，比如销量突破50000，50000这个数字要放大、加粗，创造劲爆的效果和氛围。
商品参数/信息	商品的可视化尺寸设计，可以采用实物与商品对比的方式，让顾客切身体验到商品的实际尺寸，以免收到货的时候才发现低于心理预期。
同行商品优劣对比	商品优劣PK：通过对比强化商品卖点，不断地向消费者阐述商品优势。
模特/商品全方位展示	商品展示以主推颜色为主，服装类的商品要提供模特的三围、身高信息。最好在后面放置一些买家真人秀的模块，目的就是拉近与顾客的距离，让顾客了解商品是否适合自己。
商品细节展示	细节图片要清晰、富有质感，并且附带相关的文字介绍。
商品包装展示 店铺/商品资质证书 品牌店面/生产车间展示	店铺的资质证书以及生产车间方面的展示可以烘托出品牌和实力，但店铺的品牌不是通过几张图片以及写个品牌故事就可以做出来的，而是在整个买卖过程中通过各种细节展现给消费者的。
售后保障问题/物流	售后就是解决顾客已知和未知的各种问题，例如，是否支持7天无理退换货，发什么快递，快递大概几天可以到，产品有质量问题怎么解决等。这些能够一块儿做好的话可以减轻客服不少的工作压力，增加静默转化率。

图5-24　商品描述页面框架结构分析

在设计图文详情时，要多图少文。图要美观，文字描述要与图片契合。文字最好是中文，字体不可过大，也不可过小，具体可根据目标顾客而定。字体颜色应以黑色为主，尽量不要使用太亮的颜色，以免使人产生一种视觉上的不舒适感。

总之，要想吸引顾客购买商品，店主必须重视商品详情页，并按照以上几点要求来设计，合理搭配图片和文字。只有这样，商品详情页才能真正对整个店铺的商品销售起到促进和推动作用。

5.2.3　性别分析及案例

由于性别不同，男性顾客与女性顾客对商品的需求是不一样的，他们的性别特点也决定了微店商品详情页的设计风格各不相同。

在设计微店商品详情页时，店主一定要根据商品的目标顾客性别特点来设计，以满足不同性别顾客的审美喜好，从而提高顾客的购物体验。

1. 女性商品

女性顾客大多比较感性，购物容易冲动，常常被精美的图片吸引，因此销售女性商品的店主更要做好商品详情页的设计。

在挑选商品时，女性顾客往往比较关注商品细节，所以设计商品详情页时，店主可以将图片设计得柔美一些，色彩要鲜亮。同时，店主还可以多角度展示商品，放大商品的细节，以便女性顾客对商品有全面的了解，从而增加商品对女性顾客的吸引力。

另外，女性顾客在购物时也比较关注文字描述。如果商品描述中含有"时尚、新款、个性"等关键词，她们通常会多看几眼，所以进行商品描述时文字可以多一些。如果文字间透着一种情感表达，则更能打动女性顾客的心。

图5-25、图5-26所示同样是女士毛衣，商品展示效果却各不相同。图5-25中主图是模特展示图片，将毛衣的正面完整地向顾客展示了出来，而且背景能够较好地突出主体，这种展示方式更容易打动女性顾客。

图5-26用悬挂的方式向顾客展示商品，这种展示方式使顾客无法看到毛衣的全貌，会降低女性顾客购买的欲望。

另外，展示不同款式的毛衣时，图5-27所示的背景是街景，这种情景代入会让顾客感觉自己好像就在逛街，穿上这件毛衣会让顾客为之心动。

此外，展示不同款式的商品时，模特也要注意姿势的变化，以免让顾客产生视觉疲劳。

图5-28所示的商品展示太单调，对顾客的视觉冲击力也比较小。

图5-25　模特展示

图5-26　悬挂展示

图5-27　街景背景

图5-28　商品展示过于单调

2．男性商品

在购买商品过程中，男性顾客往往比较理智，比较关注商品的质量和功能。浏览商品详情页时，他们不喜欢看繁琐的图片和大片的文字说明，喜欢简单、易懂、方便、快捷。

在设计男性商品详情页时，背景颜色要与文案图片协调，商品描述要言简意赅，商品细节展示逻辑要清晰。

图5-29、图5-30所示同样是男士帽子，但商品详情页设计却不一样。图5-29以模特试穿展示商品，让顾客不用凭空想象，就能了解到戴上帽子的效果，这种直观的展示更容易激发顾客的购买欲望。

图5-30中平铺的帽子展示图使顾客无法看到帽子的整体样式，即使知道帽子的材质和

颜色，也不会对其产生很大的兴趣，自然不会有继续了解商品的欲望。

图5-29　模特试穿

图5-30　平铺展示商品

总之，男性用品的页面设计要简单直接。只有做到这一点，才能赢得男性顾客的喜欢，提高订单的成交率。

在购物过程中，由于男性顾客与女性顾客关注的焦点不同，所以在设计商品详情页时一定要根据目标顾客的性别特点来设计，以满足他们的不同需求，提高店铺的销售量。

▶▶ 5.2.4　价格分析及案例

商品不同，价值不同，其价格自然也各不同。一般来说，根据商品的价格可以将商品分为低客单价商品和高客单价商品。同时，由于商品对应的目标顾客不一样，店主在设计商品详情页时，也需要根据商品价格的不同来进行设计。

1. 低客单价商品

低客单价商品对应的顾客在购物过程中只要认为价格比较合理，性价比较高，通常会毫不犹豫地买下来。在浏览商品详情时，这类顾客往往比较关注商品的销量和好评。

在设计这类商品的详情页时，店主必须抓住重点，将商品卖点阐述清楚，可以通过图文来突显商品的附加利益点，以增加商品对顾客的吸引力。

图5-31、图5-32所示都是低客单价商品，商品详情页设计却大不相同。图5-31中，主图设计简洁明了，画面很干净，顾客看到这样的图片感觉很舒适，同时还会产生一种非常雅致的感觉。虽然这是一件低客单价商品，但给顾客的感觉却是比较高端的。

对于顾客来说，图5-32这样的图片有杂乱无章的感觉，容易引起顾客的反感。

图5-31 简洁主图

图5-32 杂乱主图

2. 高客单价商品

一般来说，高客单价商品对应的顾客往往比较在意商品的真实性，比较关注商品的参数信息。在设计这类商品的详情页时，店主可以将商品属性详细地罗列出来，并将商品尺寸信息用比较直观的方法展示出来，以便顾客对商品有全面的了解，从而提高顾客转化率。

除此之外，在设计高客单价商品的详情页时，要突出商品卖点，商品细节要用大图展示，商品描述要尽量简单明了，并用品牌背书来获得顾客信任，给予顾客信心，让顾客放心购买。

图5-33、图5-34所示都是高客单价商品，商品详情页却是两种不同的设计方式。

图5-33中，商品详情页图片主次分明，能较好地突出商品，而且图片清晰度很高。像手表这类小型商品，应将其画面放大，这样顾客才能看得更清楚。

图5-34中，商品放在盒中这种展示方式使顾客看不到商品的样子和细节，而且图片清晰度较低，商品画面太小，顾客无法看清。很显然，这样的图片是无法吸引顾客的。

另外，购买高客单价商品的顾客往往比较关注商品的属性。如图5-35所示，店主一定要将其详细地展示出来，以便顾客对商品有足够的了解。

同时，店主也可以向顾客普及一些与商品有关的小知识，比如如何挑选商品，以及商品的保养方法等，如图5-36所示。这样会显示店主的专业性，使之更容易获得顾客的信赖。

图5-33　图片主次分明　　　图5-34　放在盒中展示商品

图5-35　突出商品属性　　　图5-36　普及商品知识

　　除此之外，要想赢得顾客的信任，还要让顾客知道店铺售卖的商品确实是正品。店主可以在商品详情页中向顾客展示商品鉴定证书或者授权销售证书。

　　总之，商品定位不同，价格差异很大，不同价格的宝贝，详情页设计也应各不相同。在设计商品详情页时，店主只有立足商品特点以及价格定位，才能设计出比较完美的商品详情页，准确地向顾客传达商品信息，激发顾客的购买欲望。

▶▶ 5.2.5　年龄分析及案例

　　在装修微店的过程中，商品详情页设计的重要性不言而喻。由于商品不同，目标顾客也不一样，在设计商品详情页时，店主一定要根据商品的特点，并结合目标顾客的年龄特征来设计，这样才能设计出符合目标顾客审美观的商品详情页。只有这样，商品才能获得顾客的认可。

1. 年轻人的商品

通常来讲，年轻人的经济实力不是特别强，大多数年轻人无法承受较高的商品单价。但另一方面，他们年轻气盛，喜欢表现自己，喜欢购买时尚、时髦、好看的商品。只要商品是他们喜欢的，且商品价格能承担得起，他们通常都会购买下来。也就是说，他们的购买欲望比较强烈，而且购物容易冲动。

在浏览商品详情页时，年轻人往往对商品的样式比较关注。店主在设计商品详情页时，图片风格要尽量时尚且富有个性，商品价格设置要合理。同时，在展示商品时，要突出商品特点，并用大图将商品款式全面展示出来。

图5-37、图5-38所示的页面上都是年轻人的商品，其主图设计却完全不一样。图5-37中，主图展示出来的商品风格能给顾客一种青春、活泼、个性的感觉，而且商品价格比较低，容易获得年轻人的喜欢，这样的主图设计是比较成功的。

图5-38中，主图的图文排版不太合理，图片太多，文字较大，即便商品比较便宜，也无法吸引年轻人的眼球。这其实也给店主一个提示——主图很重要，画面设计不要太复杂、太杂乱，要尽可能简单，这样才能吸引年轻顾客的注意力。

图5-37　主图简洁　　　　　　图5-38　主图杂乱

另外，向顾客展示商品时，图文详情页一定要结合年轻人的喜好，突出商品特点，突出商品个性。图片不要太小，要恰到好处，如图5-39所示，这样才能让年轻顾客对商品产生兴趣。如果商品款式太多，而店主又直接将所有商品款式都摆出来，如图5-40所示，则不仅图片被迫压缩，而且顾客无法看到商品的特点，自然无法产生购买的欲望。

图5-39　突出商品个性　　　　图5-40　商品款式展示过多

　　总之，商品详情页的设计要简单，但要突出商品的特点和个性，只有这样才能吸引年轻人的注意。

2. 中老年人的商品

　　中老年人往往比较在意商品的实用性，同时因为年纪大，视力大多不太好，所以在针对这类目标顾客设计商品详情页时，店主应尽可能地放大商品的细节部分。商品描述要简洁明了，通俗易懂，字体要尽可能大一些，以便顾客看得清、看得懂。

　　图5-41、图5-42所示的都是中老年人服装，商品细节展示却不同。图5-41中，细节做得比较到位，一方面放大了商品的细节，另一方面字体也比较大，设计得比较合理，方便中老年顾客看清商品细节。

　　图5-42中文字堆砌太多，字体太小，且字体颜色太淡，中老年顾客无法看清楚写的是什么，阅读起来比较吃力，严重影响了顾客的浏览体验。

　　此外，店主还可以从不同角度向中老年顾客展示服装的全貌，如图5-43所示，以便他们了解服装穿在身上的效果。对于中老年顾客来说，他们比较关注服装的舒适度，所以最好有面料、材质的相关描述，如图5-44所示，以便他们能够放心购买。

　　总之，不同年龄段的顾客对商品的需求是不一样的，所以在设计商品详情页时一定要根据目标顾客的年龄特点来设计，这样才能受到他们的认可与喜爱，从而很大程度上提高店铺的成交率。

图5-41　放大细节

图5-42　文字偏多

图5-43　展示服装全貌

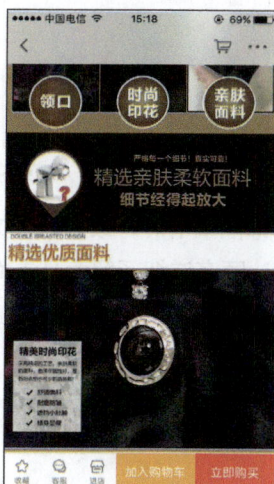

图5-44　描述面料与材质

5.2.6　风格分析及案例

　　风格是一种感觉，一种看不到、摸不着却能影响整个店铺印象的抽象因素。对于微店来说，每个店铺有每个店铺的风格，每种商品也可能有每种商品的风格。在设计商品详情页时，店主必须把握好页面风格，以求最大化地展示商品特点。

1．传统风格商品

　　如果商品具有传统属性，在设计商品详情页时就要选择恰当的背景。特别是背景要与商品风格一致，这样才能相得益彰，更能衬托商品的特色和传统美。

　　除此之外，在描述商品时，不但要突出商品卖点，文字表达也要符合商品特色。只有这样，顾客才能通过商品详情页充分地了解商品，同时还能感受到其渲染的情感氛围。

图5-45、图5-46所示都是传统风格的饰品展示页面，但在商品详情页设计方面却有很大的不同。图5-45中，背景与主体风格保持一致，更能体现商品独具的特色。图5-46中，主图却没有显示出商品的特色，背景风格过于现代化，与主体风格有些格格不入，不能让顾客感受到民族风饰品的特色与美感，自然无法吸引顾客。

图5-45 背景与主体风格一致   图5-46 背景与主体风格不一致

另外，在展示饰品细节时，最好以图文结合的形式展示给顾客。如图5-47所示，图文结合的方式不但能让顾客详细了解商品，而且也使画面显得更有吸引力。如图5-48所示，商品详情页面只有图片，没有文字描述和渲染，顾客无法详细感受商品的魅力，商品对顾客的吸引力相对要弱一些。

图5-47 图文结合   图5-48 没有文字描述和渲染

2. 时尚风格商品

一般来说，商品既然是时尚的，视觉上就要给顾客一种高大上的感觉，这样喜欢时尚类商品的顾客才会觉得这件商品符合自己的需求，进而选择购买。

在设计时尚风格商品详情页时，要选择恰当的背景，在突出商品的基础上显示出商品的时尚气息。另外，商品描述要含有时尚、新潮的字眼，商品细节要具体、详细，只有这样才能引起顾客的注意。

如图5-49、图5-50所示，店铺展示的都是时尚女鞋，但商品展示画面却有很大的不同。图5-49中，鞋子的颜色为黄绿，背景设计成白色，不仅能较好地突出商品格调，还能让人感觉到一种时尚气息。同时，商品描述中含有"时尚"字眼，这样的商品详情页设计比较合理，自然会吸引目标顾客的关注。

图5-50中，商品展示虽然比较真实，但图片背景明显杂乱无章，显示不出该商品的时尚感和高档感，无法起到吸引顾客的作用。

图5-49　背景突出商品格调　　　图5-50　图片背景杂乱

另外，既然是时尚女鞋，在商品细节展示上，就要详细展示女鞋的每个细节，并用文字加以说明，这样才能起到吸引目标顾客的作用，如图5-51所示。

如图5-52所示，该商品的细节展示既没有文字说明，细节展示也不够具体、详细，对于顾客来说，这样的页面毫无吸引力，无法激发他们的购买欲望。

总之，在设计商品详情页时，一定要根据商品的特点，并结合店铺整体的设计风格和目标顾客的审美观念进行设计。只有这样，顾客才能通过商品详情页知道该商品是否符合自己的需求。

图5-51 详细展示商品细节   图5-52 没有文字说明与细节展示

5.2.7 案例实操：曲奇饼干详情页设计

下面以曲奇饼干为例介绍如何进行商品详情页设计，具体操作方法如下。

（1）打开奥派微店设计与装修实训软件，在页面左侧选择"页面设计"中的"详情页"选项，选择需要的详情页样式，然后单击"应用"按钮，如图5-53所示。

详情页设计

图5-53 选择详情页样式

（2）选择组件库中"商品模块"组件拖到手机中，在"组件设置"选项区中选择需要的样式，在此选择"样式二"，然后单击"下一步"按钮，如图5-54所示。

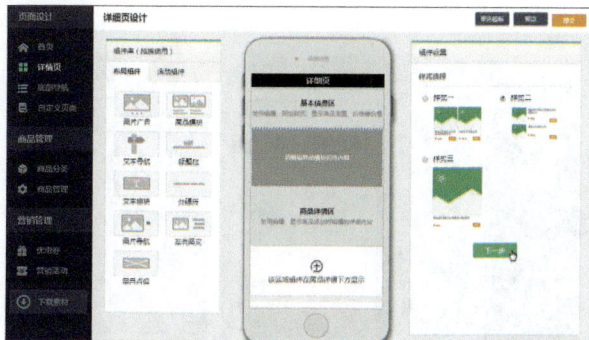

图5-54　拖入"商品模块"组件

（3）对选择类型、选择商品、商品分类、筛选方法、商品数量进行设置，完成设置后单击"保存"按钮，如图5-55所示。

图5-55　设置商品模块

（4）选择组件库中"文本模块"组件拖到手机中，在"组件设置"选项区中输入文本内容，设置背景颜色、文本颜色和字体大小，单击"保存"按钮，然后单击页面右上角的"提交"按钮，如图5-56所示。

图5-56　设置文本模块

（5）单击页面右上角的"店铺预览"按钮，在弹出的预览界面中单击商品主图，如

图5-57所示。

图5-57　单击商品主图

（6）此时即可在手机中预览曲奇饼干商品详情页设计后的最终效果，如图5-58所示。

图5-58　预览最终效果

5.3　微店底部导航的设计

一直以来，APP导航的设计都是APP设计发展过程中很值得玩味的部分。由于移动设备特别是智能手机的屏幕尺寸有限，设计者们通常会将屏幕空间尽量留给主体内容，优秀的导航设计会让用户轻松到达目的地，而又不会干扰和迷惑用户。

5.3.1　底部导航的主要功能

关于移动设备使用状况的研究表明，49%的人依靠一根手指完成手机上的操作。如图

5-59所示，手机屏幕上的画面表示大致的触摸范围，不同颜色表示用户能用拇指在屏幕上触及的区域。绿色表示轻易触及；黄色表示需要伸长手指；红色表示需要用户改变持握方式。

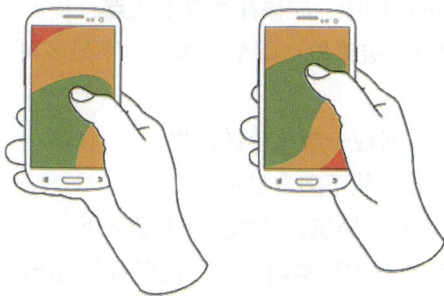

图5-59　单手操作智能手机的舒适程度

买家在使用手机微店APP时，需要随时清楚了解下一步应当前往哪一页面，以及如何前往该页面。如果买家无法轻松在应用中进行导航，则将很快对店铺失去兴趣。因此，能否为微店设计出有效的导航功能至关重要。

5.3.2　底部导航的设计要求

将经常使用的功能放在屏幕的底部是非常重要的，因为这里是用户使用拇指能轻松与设备产生交互的位置。导航通常就是指引用户前往他们想去的地方的工具。底部导航则应该用来表示程序中常用的几项重要功能，这些功能要求能够直接从应用程序的任何地方访问。

优秀的底部导航设计应遵循以下规则。

1．只显示最重要的功能

避免使用超过5个底部导航块，否则会造成图标与图标间显示太拥挤，也容易造成误点、错点问题。另外，过多导航图标会让APP界面看起来更加复杂。

2．避免使用滚动设计

对于小屏幕来说，隐藏一部分导航图标显然是一个解决方案，因为不用担心屏幕限制，只需把导航块置于一个可滚动区域中。但是，这种方式难免会降低使用效率，因为即使你已经看到了自己需要的图标，可能仍然需要滚动一下才能看到全部标签。

3．告知用户当前所在的位置

没有向用户表明其当前所在的位置，大概是所有程序常常犯的一个错误。而对于用户来说，在成功地使用导航之前，他们要搞清楚的基本问题便是"我现在在哪儿"。

好的设计应该是使用户在没有任何外界指引的情况下，也能仅靠第一眼就知道该如何从A点到B点。应该使用合适的视觉线索（图标、标签或者颜色）直观地告诉用户，而不必有任何多余的解释。

5.3.3 案例实操：微店底部导航设计

在设计微店底部导航的过程中，应该注意以下几点。

（1）底部导航包括4个一级菜单，每个一级菜单下最多可以创建4个二级菜单，菜单最多支持两层。

（2）使用二级菜单后，对应一级菜单链接失效。

（3）菜单默认从左向右、从下向上显示。

下面介绍如何设置微店底部导航，具体操作方法如下。

（1）打开奥派微店设计与装修实训软件，在页面左侧选择"页面设计"中的"底部导航"选项，在页面右侧填写菜单名称，选择相关菜单图标，单击页面右上角的"保存"按钮，预览设置效果，然后单击"选择链接"按钮，如图5-60所示。

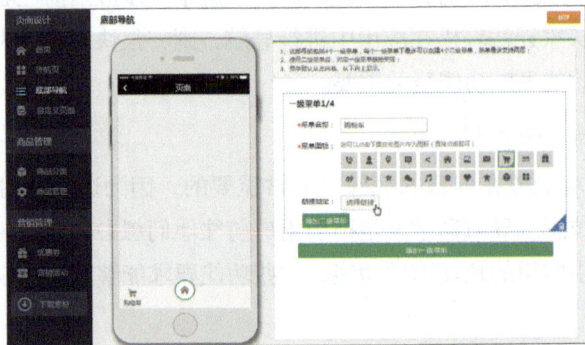

图5-60　设置一级菜单

（2）在弹出的"选择链接"对话框中单击"购物车"右侧的"选择"按钮，如图5-61所示。

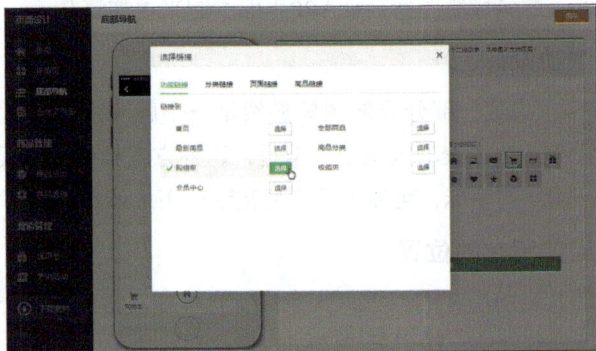

图5-61　选择链接

（3）单击"添加一级菜单"按钮，在"一级菜单2/4"选项区中输入菜单名称，选择菜单图标后单击"添加二级菜单"按钮，如图5-62所示。

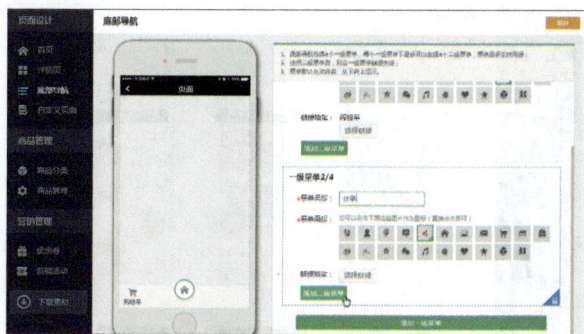

图5-62　添加二级菜单

（4）在"二级菜单"选项区中输入菜单名称和选择菜单图标，单击"添加二级菜单"按钮，可继续添加其他二级菜单，如图5-63所示。

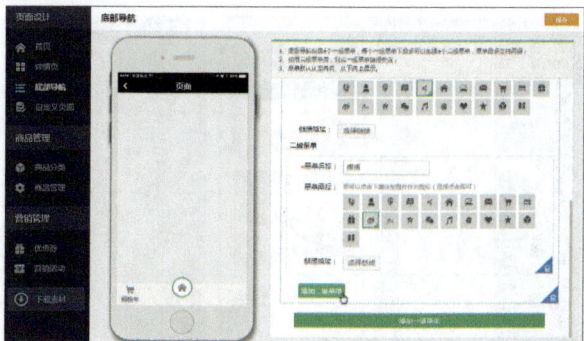

图5-63　设置二级菜单

（5）采用同样的方法，对其他一级菜单进行添加操作，完成添加后单击页面右上角的"保存"按钮，如图5-64所示。

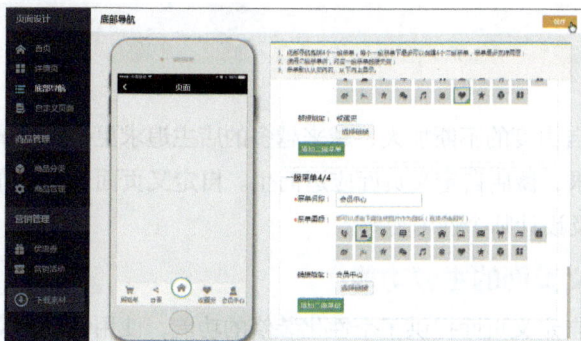

图5-64　设置其他一级菜单

（6）在页面左侧选择"页面设计-首页"，选择一个模板，如"自定义模板"，如

图5-65所示。

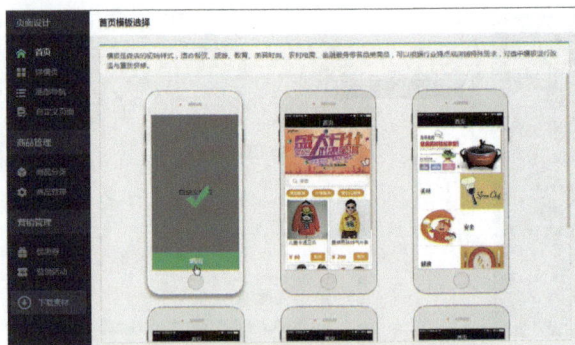

图5-65　选择首页模板

（7）进入"首页设计"页面，单击页面右上角的"预览"按钮，即可对首页进行预览，如图5-66所示。

图5-66　预览底部导航效果

5.4　自定义页面的设计

随着微店装修自由度的不断加大，越来越多的店主追求更个性化的店铺装修。为了满足这部分店主的需求，微店自定义页面应运而生。自定义页面可以用作促销活动、个性栏目、官方预置内容及设计师个性内容等。

5.4.1　自定义页面的主要功能

微店装修中的自定义页面提供了个性化装修的功能，使用场景丰富多样，常用于以下5种页面设计。

（1）活动页面：热卖、上新、促销活动。

（2）店铺介绍：品牌故事、企业文化。

（3）会员专区：老客户营销。

（4）合作招募：寻找志同道合的商业伙伴。

（5）售后活动：评价有礼、买家秀。

5.4.2　自定义页面的设计要求

在设计页面时，可以为自定义的页面独立添加各种不同的组件内容。这与微店首页的设置方法相同，当然设计要求也相同，可以说自定义功能其实是提供了可以设置多个不同"首页"的强大功能，这对于经营范围广或者想设定不同风格栏目的店主来说非常有用。

创建好一个自定义的页面后，可以通过添加文字、图片组件生成一篇带图的文章，然后将链接转发到朋友圈等各个平台上；也可以在其中插入商品，为自己的商品带来流量。每一个自定义页面都可以作为链接，放到店铺首页中成为跳转页面。

5.4.3　案例实操：VIP会员尊享页面设计

下面介绍如何设置自定义页面，具体操作方法如下。

（1）打开奥派微店设计与装修实训软件，在页面左侧选择"页面设计"中的"自定义页面"选项，然后单击页面右上角的"新建页面"按钮，如图5-67所示。

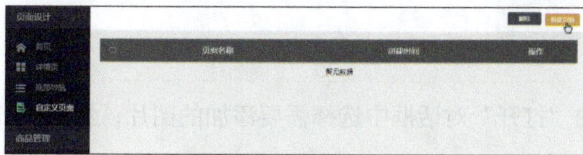

图5-67　新建页面

（2）在弹出的"新建页面"对话框中输入页面名称，然后单击"下一步"按钮，如图5-68所示。

图5-68　输入页面名称

（3）选择组件库中的"布局组件"选项卡，选择"图片广告"并将其拖到手机中，然后在右侧选择"大图广告"，单击"下一步"按钮，如图5-69所示。

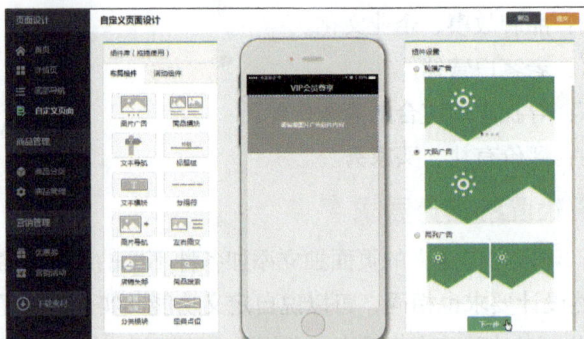

图5-69　添加组件

（4）单击"图片信息"选项区中的"上传图片"按钮，建议图片尺寸为640像素×320像素，如图5-70所示。

图5-70　上传图片

（5）在弹出的"打开"对话框中选择需要添加的图片，然后单击"打开"按钮，如图5-71所示。

图5-71　选择图片

（6）单击"添加图片"按钮，用同样的方法继续添加其他图片，单击"保存"按钮，然后单击右上角的"提交"按钮，如图5-72所示。

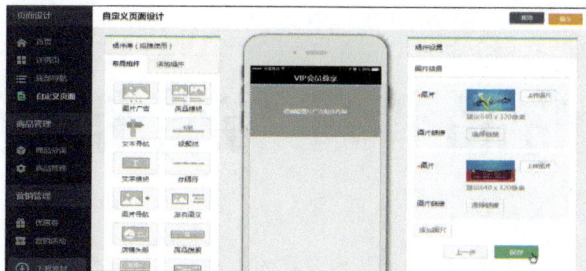

图5-72　添加其他图片

（7）单击页面右上角的"预览"按钮，即可预览添加自定义页面的最终效果，如图5-73所示。

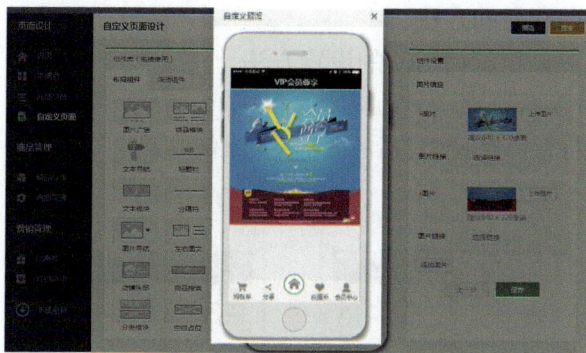

图5-73　预览添加自定义页面最终效果

课后思考题

1. 很多微店平台已经根据手机屏幕的局限性和手机购物的独特性为微店店主提供了一些模板，比如微店封面。那么，应该如何对微店封面进行设置呢？

2. 微店公告与店招一样，也是非常重要的。但有些人认为微店公告不是很重要，以至于失去一个以文字形式向顾客传递信息的机会。那么，一个好的微店公告应该包含哪些内容呢？

第6章

微店商品管理与营销管理

学习目标

❶ 掌握对商品进行分类的方法。

❷ 掌握发布商品的方法。

❸ 掌握优惠券和营销活动的设置方法。

图6-1所示为进行营销管理设计后的微店首页案例效果。

图6-1　营销管理的设计

6.1　对商品进行管理

　　市场上的商品种类繁多，微店店主经营的商品不可能只有一两件，为了方便顾客购买，店主需要对众多的商品进行管理。

6.1.1 商品分类

合理的商品分类可以使店铺的商品类目更加清晰，方便卖家和买家快速浏览与查找自己想要的商品。如果店铺发布的宝贝数目众多，那么合理的分类就显得尤为重要。好的店铺分类会大大方便买家进行针对性的浏览和查询，从而提高成交量。

一般来说，商品用途、原材料、生产方法等是商品最本质的属性和特征，也是商品分类中最常用的分类依据。

另外，进行商品分类时要遵循分类的基本原则，即明确分类的商品范围，满足顾客需求，保持商品分类的科学性。

一般来说，商品分类有两种方法：一种是线分类法，另一种是面分类法。

1. 线分类法

线分类法又可以称为"层级分类法"，它是拟分类的商品集合总体，主要根据选定的属性或特征，将商品分成若干个层级类目，编制成一个有层级的、逐级展开的分类体系。

线分类体系的表现形式为按大类、中类、小类等级别不同的类目逐级展开。

（1）大分类。大分类一般按照商品的特性划分，比如配件配饰是一个大分类，与帽子、围巾、手套有关的商品都属于这一一分类。

（2）中分类。中分类可以按照商品的功能、用途划分。比如，在家电这个大分类中，可以划分出厨房电器的中分类，也可以按照商品的制造方法或商品特性来划分。比如，中分类设置为"母婴用品"，那么所有纸尿裤商品都可以放在这个中分类中。

（3）小分类。小分类可以按照中分类的分类办法再进行分类，其分类依据可以是功能用途、商品成分或口味、规格、包装和形状等。

2. 面分类法

面分类法又称平行分类法，它是将拟分类的商品集合总体，根据其本身的属性或特征，分成相互之间没有隶属关系的面，每个面都包含一组类目。将每个面中的一种类目与另一个面中的一种类目组合在一起，即组成一个复合类目。

服装的分类就是按面分类法组配的。把服装根据面料、款式、穿着用途分为三个互相之间没有隶属关系的"面"，每个"面"又分成若干个类目，使用时将有关类目组配起来，如纯毛男式西装、纯棉女式连衣裙等。

清楚商品分类的方法后，就可以进入自己的店铺，对店铺中的商品进行分类了，具体操作方法如下。

（1）打开奥派微店设计与装修实训软件，在页面左侧选择"商品管理"中的"商品分类"选项，单击页面右上角的"添加分类"按钮，如图6-2所示。

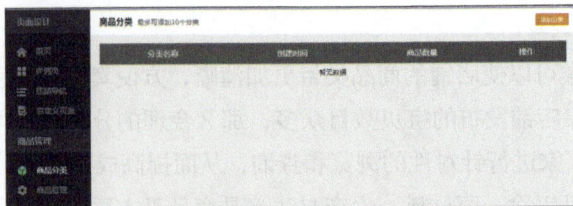

图6-2　单击"添加分类"按钮

（2）在弹出的"添加商品分类"对话框中输入分类名称，如"时尚女装"，然后单击"确定"按钮，如图6-3所示。

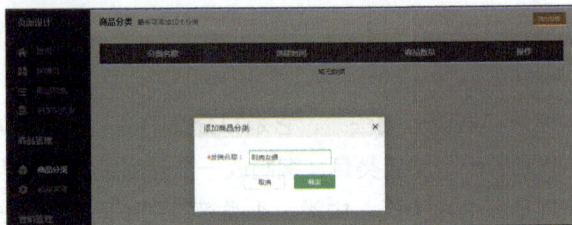

图6-3　输入分类名称

（3）可以根据需要对添加的分类进行编辑或删除，如图6-4所示。

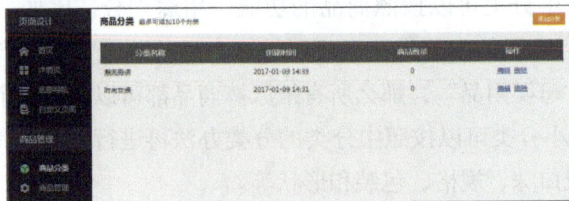

图6-4　编辑或删除分类

6.1.2　商品管理

对于微店卖家来说，发布商品也是有一定技巧的。将商品照片拍摄与美化之后就可以在网上直接发布了，但卖家需要掌握好的技巧才能增加店铺的浏览量，从而促进买卖的达成。

卖家选择好商品的分类之后，就需要对商品的名称、价格、颜色、数量等信息进行填写。商品信息在很大程度上影响着商品的销售，因此设置相关信息时，需要卖家做到细致、准确，这样才能将商品的详细信息提供给买家。

在发布商品过程中，商品的描述是最重要的一个环节，其中包括商品的描述内容，以及商品的实物图片等，商品的描述直接影响买家对商品的购买兴趣，精心拍摄、处理的图片都会在这里进行展示，因此一定要引起足够的重视。

下面介绍如何发布微店商品，具体操作方法如下。

（1）打开奥派微店设计与装修实训软件，在页面左侧选择"商品管理"中的"商品管理"选项，然后单击页面右上角的"发布商品"按钮，如图6-5所示。

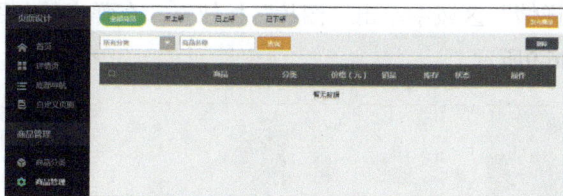

图6-5　单击"发布商品"按钮

（2）在打开的页面中编辑商品的详细信息，如商品分类、总库存、商品名称、价格等，然后单击商品图右侧的"＋"按钮，如图6-6所示。

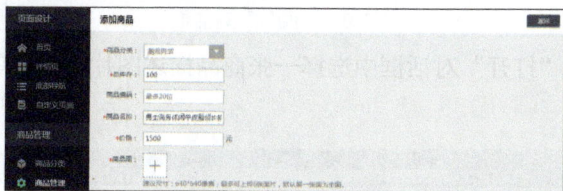

图6-6　编辑商品信息

（3）在弹出的"打开"对话框中选择一张商品主图，然后单击"打开"按钮，如图6-7所示。

图6-7　选择商品主图

（4）此时即可看到商品主图添加成功。采用同样的方法添加其他主图，并对运费进行设置，如图6-8所示。

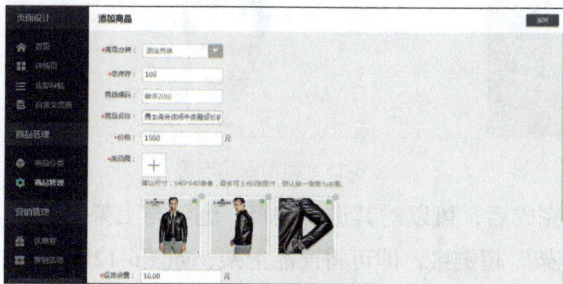

图6-8　添加其他主图

（5）在"商品详情"区域中单击"图片"按钮 ，在弹出的"图片"对话框中单击"浏览"按钮，如图6-9所示。

图6-9　"图片"对话框

（6）在弹出的"打开"对话框中选择一张商品描述图片，然后单击"打开"按钮，如图6-10所示。

图6-10　选择图片

（7）单击"图片"对话框中的"确定"按钮，此时图片已经添加成功。采用同样的方法添加其他商品描述图片，添加完成后单击"确定"按钮，如图6-11所示。

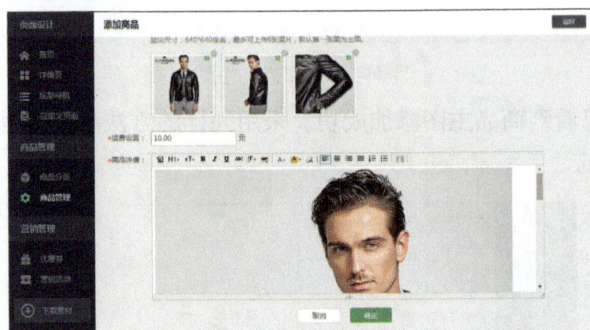

图6-11　编辑商品详情

（8）商品添加完成后，可以对其进行编辑、删除与上架等操作。在商品列表页面中单击商品右侧的"上架"超链接，即可将商品上架，如图6-12所示。

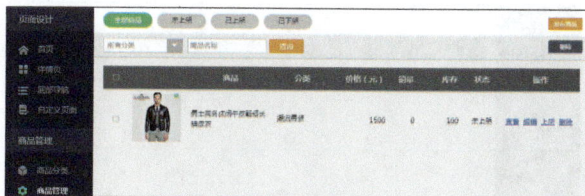

图6-12　上架商品

6.2　营销管理的设计

虽然微店的数量与日俱增，但许多微店由于缺乏经营意识只是昙花一现。微店与传统的店铺一样都需要店主的精心打理，因此，在商品质量与服务品质都能充分保证的前提下，制定既适合微店又适合网络环境的促销策略就显得十分必要。

6.2.1　优惠券的设计

优惠券是虚拟的电子现金券，设置的优惠券由买家主动领取；店主也可以通过微信来发放优惠券，促进买家再次消费，有效提升店铺购买转化率。如果店主能够合理利用优惠券，不但能提高老顾客的复购率和忠诚度，还能提高店铺的销量，所以优惠券的作用不可小觑。

在微店中，应该如何设计优惠券呢？

设计优惠券之前，首先要明确设计优惠券的目的，比如是为了提高店铺人气，还是吸引潜在顾客的关注；促销主题要契合顾客的购买需求，合理设置使用优惠券的门槛，如购物满100元可以使用等；根据优惠券使用条件设置相应的优惠券面值，如10元优惠券；限制优惠券的使用期限，让顾客产生紧迫感。

一般来说，优惠券的使用门槛限制越低，面值越高，对顾客的吸引力越大，优惠券使用率也会越高。当店主将这些细节都考虑到了，基本上就能制作出一张完整的优惠券了。

下面介绍如何设置优惠券，具体操作方法如下。

（1）打开奥派微店设计与装修实训软件，在页面左侧选择"营销管理"中的"优惠券"选项，然后单击页面右上角的"添加优惠券"按钮，如图6-13所示。

（2）在打开的"添加优惠券"页面中设置优惠券类型、标题、颜色和金额等信息，优惠券的类型分为代金券和折扣券两种，代金券的添加方式如图6-14所示。

（3）折扣券的添加方法如图6-15所示，其中在"可使用范围"中选中"指定商品"单选按钮，然后单击"添加商品"按钮。

（4）在弹出的"选择商品"对话框中选择需要添加的优惠券的商品，然后单击"确定"按钮，如图6-16所示。

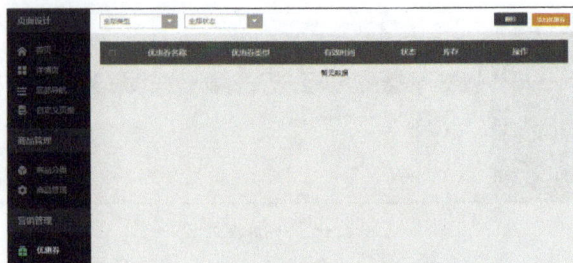

图6-13　单击"添加优惠券"按钮1

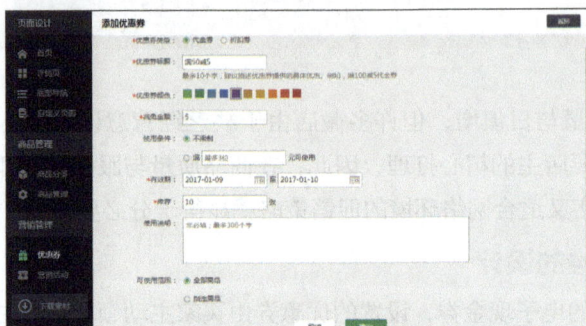

图6-14　设置优惠券信息

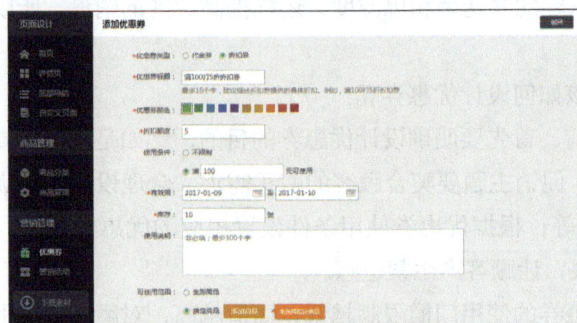

图6-15　单击"添加商品"按钮

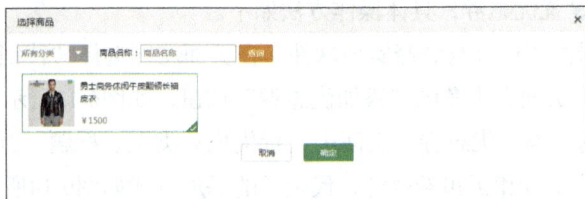

图6-16　选择商品

（5）指定商品添加成功后，单击"确定"按钮，如图6-17所示。

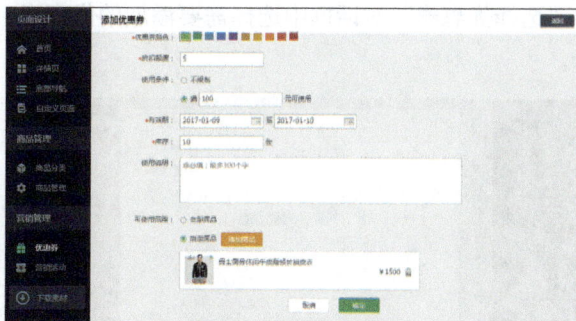

图6-17　添加优惠券成功

（6）添加的优惠券可以重新编辑库存数量或将其删除，如图6-18所示。

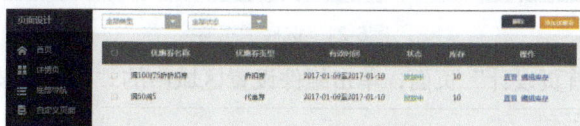

图6-18　编辑或删除优惠券

（7）进入"首页"页面，选择需要的模板，如"自定义模板"，如图6-19所示。

图6-19　选择首页模板

（8）选择组件库中的"活动组件"选项卡，选择"优惠券"并将其拖到手机中，然后单击右侧的"添加优惠券"按钮，如图6-20所示。

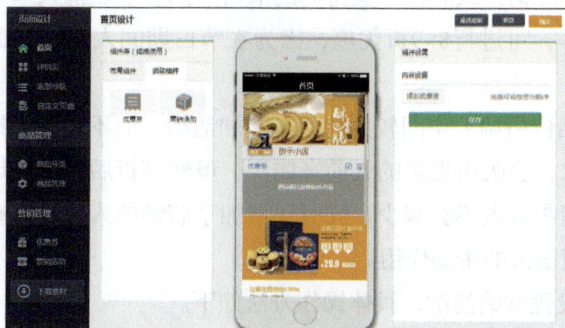

图6-20　单击"添加优惠券"按钮2

（9）在弹出的"选择优惠券"对话框中选择需要添加的优惠券，然后单击"确定"按钮，如图6-21所示。

图6-21　选择优惠券

（10）返回"首页设计"页面，单击组件设置区域中的"保存"按钮，即可成功添加优惠券，如图6-22所示。

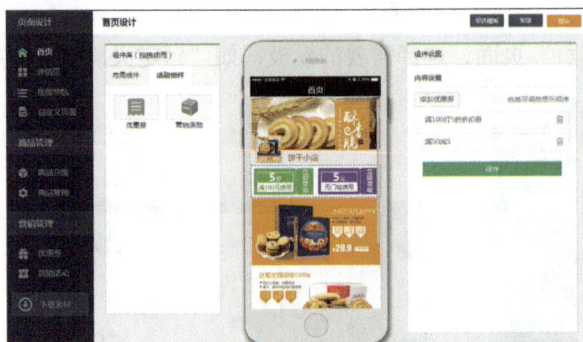

图6-22　成功添加优惠券

▶▶ 6.2.2　营销活动的设计

由于打折促销直接让利于消费者，让客户非常直接地感受到了实惠，因此其是目前最常用的一种阶段性促销方式。在一些特殊的节日，如春节、情人节、母亲节、圣诞节、"双11""双12"等，可进行8~9折优惠，因为在节日期间人们往往更具有购买潜力和购买冲动。

店主应选择商品价格调节空间较大的商品参加活动，而不是全盘托出。这种方式的优点是：符合节日需求，会吸引更多的人前来购买，虽然打折后可能会造成利润下降，但销售量会提高，总的销售收入不会减少，同时还增加了店铺的人气，拥有了更多的顾客，对以后的销售也会起到很大的带动作用。

下面介绍如何设置营销活动，具体操作方法如下。

（1）打开奥派微店设计与装修实训软件，在页面左侧选择"营销管理"中的"营销活动"选项，然后单击页面右上角的"添加活动"按钮，如图6-23所示。

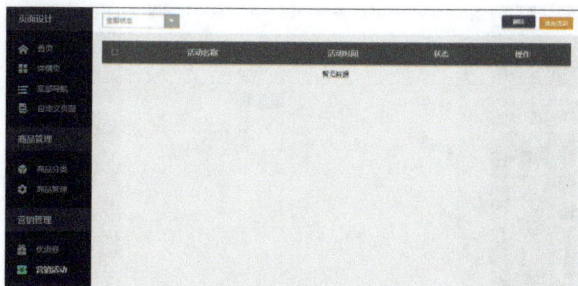

图6-23 单击"添加活动"按钮

（2）在打开的"添加营销活动"页面中设置活动的详细内容，如名称、时间、标签和条件等，然后单击"确定"按钮，如图6-24所示。

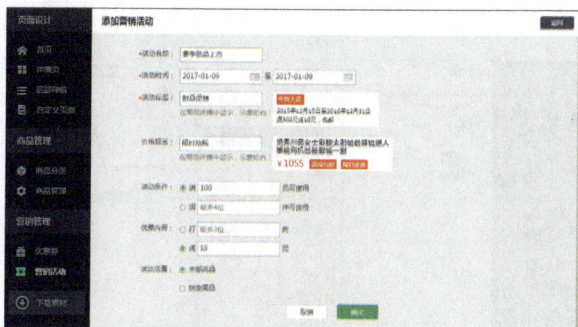

图6-24 设置活动内容

（3）进入"首页设计"页面，拖动"营销活动"组件到手机中的合适位置，在右侧的"内容设置"区域中设置"活动展示商品数量"为0个，然后单击"添加活动"按钮，如图6-25所示。

图6-25 单击"添加活动"按钮

（4）在弹出的"选择活动"对话框中选择需要添加的营销活动，然后单击"确定"

按钮，如图6-26所示。

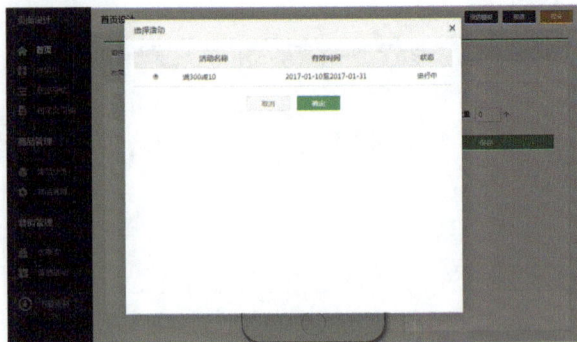

图6-26 选择营销活动

（5）返回"首页设计"页面，单击"保存"按钮，即可成功添加营销活动，如图6-27所示。

图6-27 成功添加营销活动

课后思考题

1．恰当的商品管理有助于用户快速找到所需要的商品，那么母婴类的产品如何分类，以及在首页的哪部分显示，才能吸引移动端用户进行浏览呢？

2．如何对不同的促销方式进行搭配，如满减、打折、优惠券等，才能使营销效果最大化？

第7章

服饰微店设计装修案例实操

1. 学习服饰微店装修设计布局规划。
2. 了解案例的主色调、配色扩展以及设计流程。
3. 掌握服饰微店店招的制作方法。
4. 掌握服饰微店促销大图广告的制作方法。
5. 掌握服饰微店商品推荐区的制作方法。
6. 掌握服饰微店商品详情页的制作方法。

图7-1所示为经过设计后的服饰微店商品详情页案例效果。

图7-1　服饰微店商品详情页

7.1 服饰微店装修设计构思

本案例是为某品牌的女鞋设计和制作的微店店铺首页。页面中使用了矩形进行布局和分割，体现出简约的风格特点，通过清新的色彩搭配营造出一种清爽、精致的视觉效果。

7.1.1 装修设计布局规划

本案例的布局如图7-2所示。

①微店店招：在店招模块中使用粉色和绿色作为主要的页面背景色，通过女鞋和郁金香的组合，表明了店铺销售的商品与顾客群体。

②促销广告：该区域通过标题文字突出促销活动的优惠力度，增强顾客的购买欲，以醒目的人物模特搭配粉红色背景加强商品的宣传。

③商品推荐区：该区域主要对主推商品进行介绍，使用图像和文字混排的方式来表现商品的信息，并利用适当的留白让商品的部分信息更加突出。

图7-2 服饰微店布局

7.1.2 主色调：粉色和绿色系

本案例在色彩设计的过程中，使用粉色和绿色作为网页的主打色调，通过不同明度的粉色和绿色来增强画面的层次，给人以清新、时尚的感觉。在配色中搭配红色作为点缀，起着引导顾客视线的作用。主推商品的颜色丰富，纯度较高，与其背景页面形成差异，对商品的推广会起到推动作用。

1. 页面背景及设计元素配色：高明度色彩

高明度色彩的色值如图7-3所示。

| R123、G214、B216 | R255、G255、B0 | R247、G186、B204 | R207、G239、B225 | R234、G208、B214 |
| C53、M0、Y23、K0 | C10、M0、Y83、K0 | C3、M37、Y8、K0 | C23、M0、Y18、K0 | C10、M23、Y11、K0 |

图7-3　高明度色彩

2. 商品及辅助配色：多种色彩搭配

多种色彩搭配的色值如图7-4所示。

| R230、G0、B37 | R115、G212、B115 | R62、G160、B250 | R208、G168、B102 | R160、G211、B106 |
| C11、M99、Y88、K0 | C57、M0、Y69、K0 | C69、M30、Y0、K0 | C24、M38、Y64、K0 | C45、M1、Y71、K0 |

图7-4　多种色彩搭配

7.1.3 案例配色扩展

1. 扩展配色：蓝色系

蓝色系色值和效果如图7-5所示。

| R153、G217、B248 | R252、G155、B205 | R189、G187、B231 | R190、G232、B234 | R232、G234、B190 |
| C43、M3、Y3、K0 | C3、M52、Y0、K0 | C31、M27、Y0、K0 | C30、M0、Y12、K0 | C13、M6、Y32、K0 |

使用蓝色调所设计出的首页效果，可以看到画面变得更加清爽，营造出新鲜、凉爽的氛围。

图7-5　蓝色系

2. 扩展配色：高明度暖色系

高明度暖色系色值和效果如图7-6所示。

R213、G241、B183 C23、M0、Y38、K0	R179、G220、B253 C34、M7、Y0、K0	R250、G200、B137 C4、M29、Y49、K0	R253、G238、B209 C2、M9、Y22、K0	R248、G144、B13 C2、M55、Y91、K0

VENTS品牌店
2017
春季换新
使用不同明度的暖色调作为主色调，可以让画面表现得更加明亮阳光，给人温暖、热情的意向。

图7-6　高明度暖色系

7.1.4　案例设计流程

本案例的设计流程如图7-7所示。

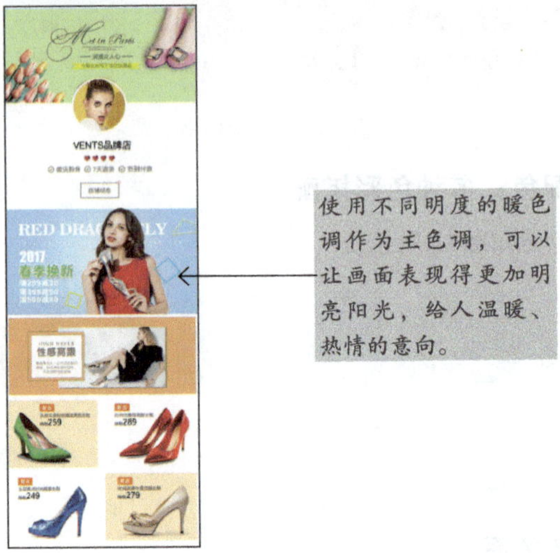

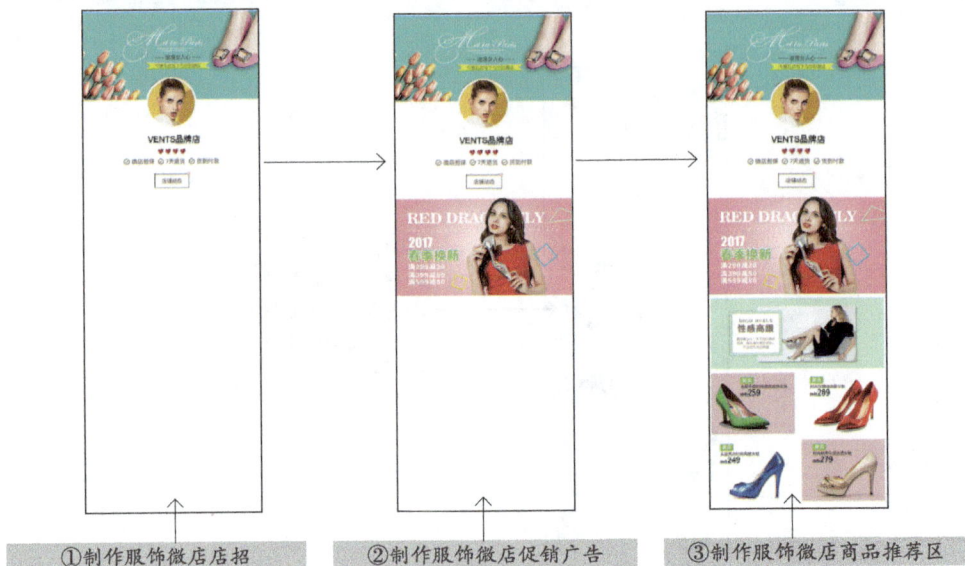

VENTS品牌店
2017
春季换新
①制作服饰微店店招
②制作服饰微店促销广告
③制作服饰微店商品推荐区

图7-7　服饰微店案例设计流程

7.2 服饰微店装修实战演练

下面介绍服饰微店店铺装修的实战操作过程，主要分为制作微店店招、促销大图广告、商品推荐区和商品详情页四部分。

▶▶ 7.2.1 制作微店店招

【**素材所在位置**】素材/第7章/制作微店店招/01.jpg、02.png、03.psd。

【**效果所在位置**】效果/第7章/制作微店店招.psd。

制作微店店招的具体操作方法如下。

（1）单击"文件"|"新建"命令，在弹出的"新建"对话框中设置各项参数，单击"确定"按钮，如图7-8所示。设置前景色为RGB（123，214，216），按【Alt+Delete】组合键进行填充，如图7-9所示。

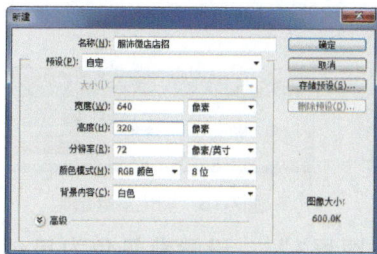

图7-8　新建文件　　　　　　　　　　　图7-9　填充背景色

（2）单击"文件"|"打开"命令，打开"素材/第7章/制作微店店招/01.jpg"文件，如图7-10所示。将素材文件拖入之前的文档窗口中，按【Ctrl+T】组合键调出变换框，调整花朵的大小和位置，如图7-11所示。

图7-10　打开花朵素材文件　　　　　　　图7-11　变换花朵图像

（3）单击"文件"|"打开"命令，打开"素材/第7章/制作微店店招/02.png"文件，如图7-12所示。将素材文件拖入之前的文档窗口中，按【Ctrl+T】组合键调出变换框，调整鞋子的大小和位置，如图7-13所示。

图7-12　打开女鞋素材文件

图7-13　变换女鞋图像

（4）按住【Ctrl】键的同时单击"图层"面板中"图层2"的图层缩览图，调出鞋子的选区，如图7-14所示。单击"选择"|"修改"|"羽化"命令，在弹出的"羽化选区"对话框中设置"羽化半径"为10像素，然后单击"确定"按钮，如图7-15所示。

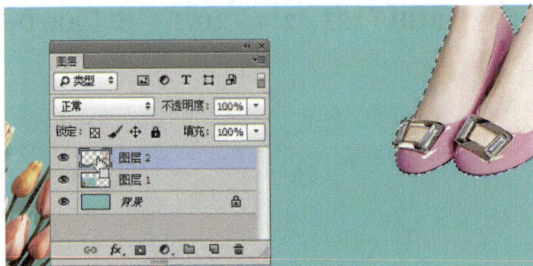

图7-14　选取女鞋图像

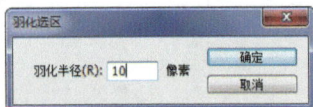

图7-15　羽化女鞋选区

（5）单击"创建新图层"按钮 ，新建"图层3"。设置背景色为黑色，按【Alt+Delete】组合键进行填充，如图7-16所示。按【Ctrl+D】组合键取消选区，将"图层3"拖到"图层2"的下方，设置其图层"不透明度"为45%，为鞋子添加阴影效果，如图7-17所示。

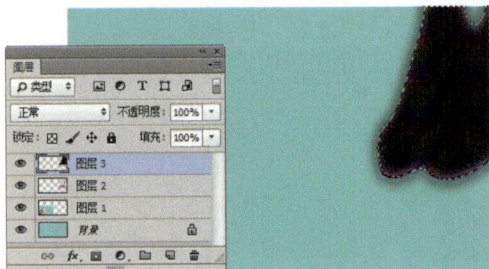

图7-16　填充女鞋选区

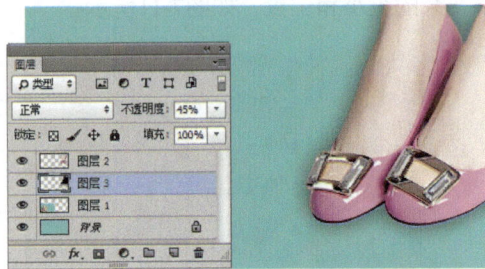

图7-17　为女鞋添加阴影效果

（6）单击"文件"|"打开"命令，打开"素材/第7章/制作微店店招/03.psd"文件，如图7-18所示。将文字素材拖入之前的文档窗口中，按【Ctrl+T】组合键调出变换框，调整图像的大小和位置，如图7-19所示。

图7-18　打开文字素材文件

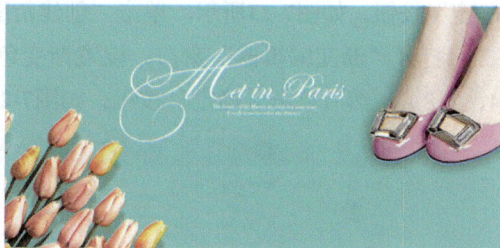

图7-19　变换文字图像

（7）选择自定形状工具 🔳，在其工具属性栏中选择"形状"工具模式，设置填充色为RGB（255，255，0），"形状"为"横幅4"，绘制一个图形，如图7-20所示。选择横排文字工具 **T**，在图形上输入文字。打开"字符"面板，设置文字的各项参数，如图7-21所示。

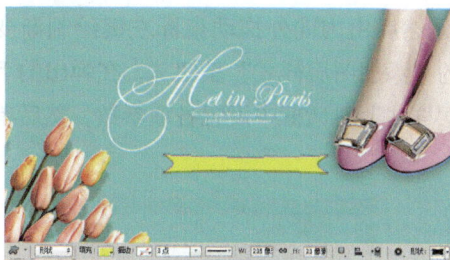

图7-20　绘制图形

图7-21　输入店招文字并设置文字参数

（8）继续选择横排文字工具 **T**，在图形上输入其他文字，在"字符"面板中设置文字的各项参数，最终效果如图7-22所示。

图7-22　输入店招其他文字并设置文字参数

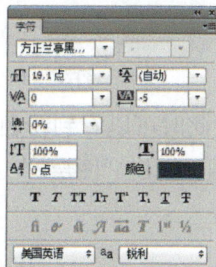

7.2.2　制作促销广告

【**素材所在位置**】素材/第7章/制作促销大图广告/01.png。

【**效果所在位置**】效果/第7章/制作促销大图广告.psd。

制作促销广告的具体操作方法如下。

（1）单击"文件"|"新建"命令，在弹出的"新建"对话框中设置各项参数，单击

"确定"按钮，如图7-23所示。单击"创建新图层"按钮🔲，新建"图层1"。选择渐变工具🔳，打开"渐变编辑器"窗口，设置渐变色为RGB（248，183，202）到RGB（247，204，218），然后单击"确定"按钮，如图7-24所示。

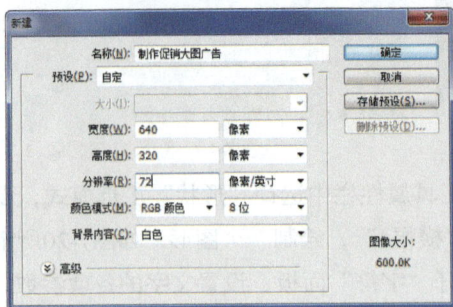

图7-23　"新建""制作促销广告"的对话框

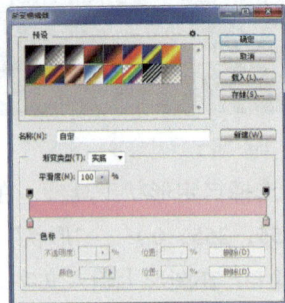

图7-24　"渐变编辑器"窗口

（2）在属性栏中单击"径向渐变"按钮🔳，然后由内向外拖动鼠标左键绘制渐变色，效果如图7-25所示。单击"图层"面板下方的"添加图层样式"按钮 *fx*，在弹出的下拉菜单中选择"图案叠加"选项，在弹出的"图层样式"对话框中设置各项参数，然后单击"确定"按钮，如图7-26所示。

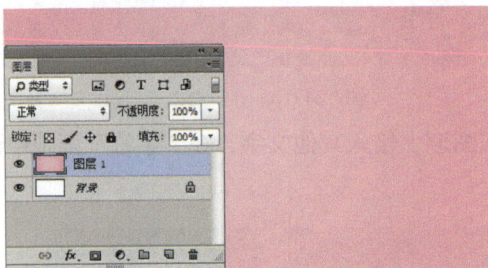

图7-25　绘制渐变色

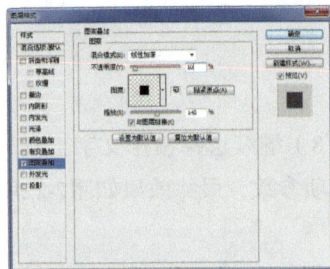

图7-26　设置图案叠加参数

（3）此时可以看到粉色背景被添加了网格效果，如图7-27所示。单击"创建新图层"按钮🔲，新建"图层2"。选择椭圆选框工具⬭，在背景上绘制一个圆形选区，如图7-28所示。

图7-27　添加网格效果

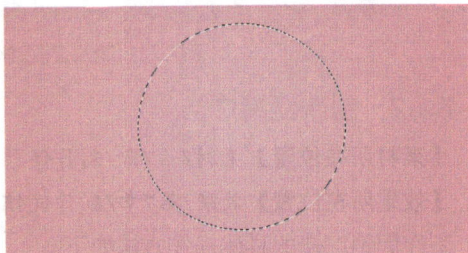

图7-28　绘制圆形选区

（4）按【Shift+F6】组合键，打开"羽化"对话框，设置"羽化半径"为80像素，然后单击"确定"按钮，如图7-29所示。设置背景色为白色，按【Alt+Delete】组合键填充选区，按【Ctrl+D】组合键取消选区，效果如图7-30所示。

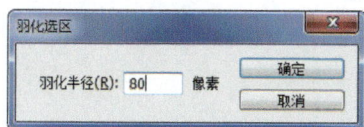

图7-29　"羽化选区"对话框

图7-30　填充图形选区

（5）设置"图层2"的图层"不透明度"为80%，效果如图7-31所示。按【Ctrl+O】组合键，打开"素材/第7章/制作促销大图广告/01.png"文件，如图7-32所示。

图7-31　设置图层不透明度

图7-32　打开"制作促销大图广告"的素材文件

（6）将人物素材文件拖入之前的文档窗口中，按【Ctrl+T】组合键调出变换框，调整图像的大小和位置，如图7-33所示。选择横排文字工具**T**，在图形上输入相应的文字。打开"字符"面板，设置文字的各项参数，如图7-34所示。

图7-33　变换人物图像

图7-34　输入促销广告文字并设置文字参数

（7）将文本图层拖到人物图层下方，继续选择横排文字工具**T**，输入其他促销文字，效果如图7-35所示。双击"春季换新"文本图层，在弹出的"图层样式"对话框左侧选中"描边"选项，并在右侧设置各项参数，如图7-36所示。

图7-35 输入促销广告其他文字

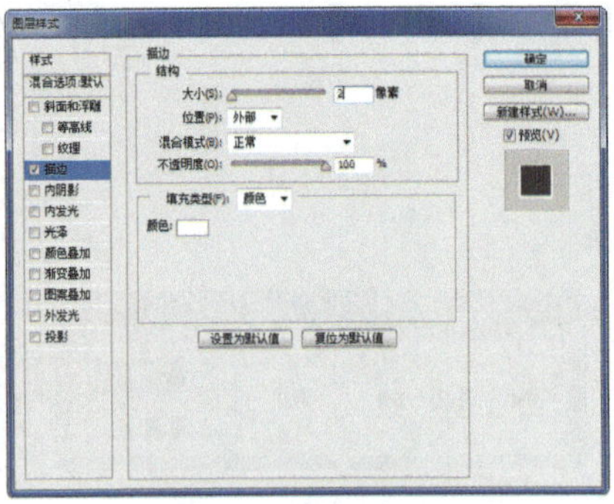

图7-36 设置描边参数

（8）在"图层样式"对话框左侧选中"投影"选项，并在右侧设置各项参数，单击"确定"按钮，如图7-37所示。此时，即可查看为文字添加描边和投影后的效果，如图7-38所示。

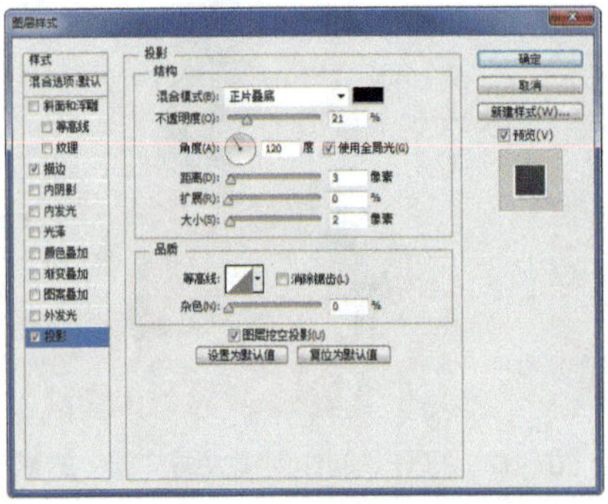

图7-37 设置投影参数

图7-38 查看文字效果

（9）选择矩形工具█，在其属性栏中设置"填充"为"无颜色"，"描边"为黄色，"描边宽度"为3点，绘制一个正方形边框，如图7-39所示。按【Ctrl+T】组合键调出变换框，调整图形的角度和位置，如图7-40所示。

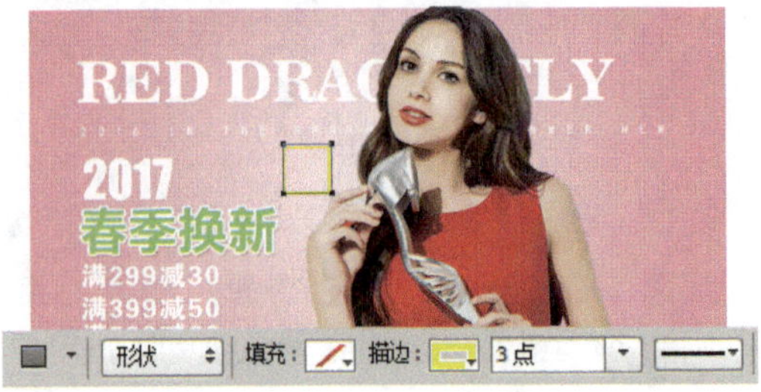

图7-39 绘制边框图形

图7-40 变换图形

（10）分别选择矩形工具 ▦ 和多边形工具 ●，绘制一个蓝色正方形边框和一个绿色三角形边框，如图7-41所示。按【Ctrl+T】组合键调出变换框，调整三角形边框的大小和位置，即可得到制作促销大图广告的最终效果，如图7-42所示。

图7-41　绘制其他图形

图7-42　促销大图广告最终效果

7.2.3　制作商品推荐区

【素材所在位置】素材/第7章/制作商品推荐区/01.jpg~05.jpg。

【效果所在位置】效果/第7章/制作商品推荐区.psd。

制作商品推荐区的具体操作方法如下。

（1）单击"文件"|"新建"命令，在弹出的"新建"对话框中设置各项参数，单击"确定"按钮，如图7-43所示。选择矩形工具 ▦ ，绘制一个矩形形状，在"属性"面板中设置各项参数，其中填充色为RGB（207，239，225），如图7-44所示。

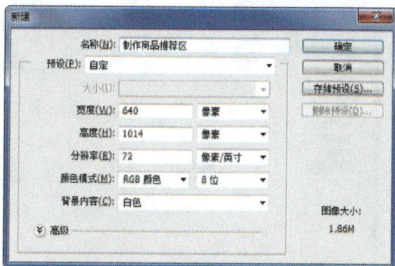

图7-43　"新建"推荐区对话框

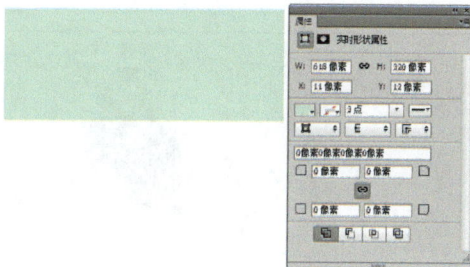

图7-44　绘制推荐区矩形形状1

（2）按【Ctrl+O】组合键，打开"素材/第7章/制作商品推荐区/01.jpg"文件，如图7-45所示。将人物素材文件拖入之前的文档窗口中，按【Ctrl+T】组合键调出变换框，调整图像到合适的位置，如图7-46所示。

图7-45　打开推荐区素材文件

图7-46　变换推荐区图像

（3）单击"图层"面板下方的"添加图层样式"按钮 fx.，在弹出的下拉菜单中选择"投影"选项，在弹出的"图层样式"对话框中设置各项参数，其中阴影颜色为RGB（26，80，2），然后单击"确定"按钮，如图7-47所示。此时，即可查看为人物素材图像添加阴影后的效果，如图7-48所示。

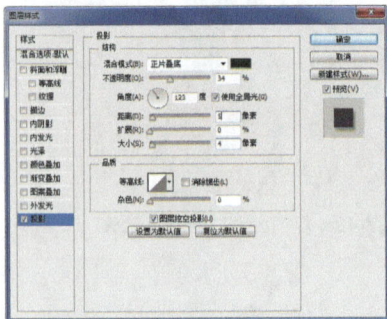

图7-47　推荐区的"图层样式"对话框　　　　图7-48　查看推荐区的阴影效果

（4）选择矩形工具 ，按住鼠标左键并拖动，绘制一个矩形形状，如图7-49所示。双击该形状图层，在弹出的"图层样式"对话框中设置各项参数，然后单击"确定"按钮，如图7-50所示。

图7-49　绘制推荐区矩形形状2　　　　　　图7-50　推荐区"图层样式"对话框

（5）此时，即可查看为矩形添加投影后的效果，如图7-51所示。选择矩形工具 ，继续绘制一个小一些的矩形形状，在"属性"面板中设置各项参数，如图7-52所示。

图7-51　查看阴影效果　　　　　　　　　图7-52　绘制推荐区矩形形状3

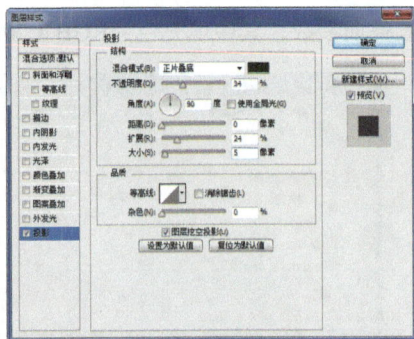

（6）选择横排文字工具**T**，在图形上输入相应的文字。打开"字符"面板，设置文字的各项参数，如图7-53所示。使用横排文字工具**T**继续添加其他辅助文字，效果如图7-54所示。

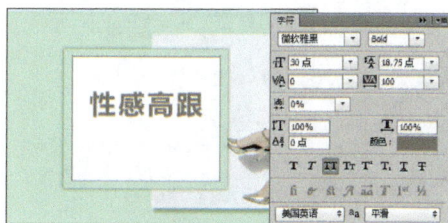

图7-53 输入推荐区文字并设置文字参数

图7-54 输入推荐区其他文字

（7）选择矩形工具▬，绘制一个矩形形状，在"属性"面板中设置各项参数，其中填充色为RGB（234，208，214），如图7-55所示。打开"02.jpg"素材文件，将其拖入之前的文档窗口中，并调整大小和位置，设置其图层混合模式为"正片叠底"，效果如图7-56所示。

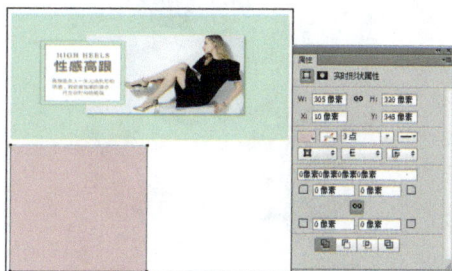

图7-55 绘制推荐区矩形形状4

图7-56 添加商品素材

（8）按【Ctrl+J】组合键复制图层，设置"图层4拷贝"的图层混合模式为"正常"。选择魔棒工具，在素材空白处单击选取图像，如图7-57所示。按【Delete】键，删除选区内的多余图像，取消选区后的效果如图7-58所示。

图7-57 选取商品背景

图7-58 删除多余图像

（9）选择矩形工具▬，绘制一个小矩形，在"属性"面板中设置各项参数，其中填充色为RGB（160，211，106），如图7-59所示。选择横排文字工具T，在图形上输入相应的文字。打开"字符"面板，设置文字的各项参数，如图7-60所示。

图7-59　绘制推荐区矩形形状5

图7-60　输入文字"新品"并设置文字参数

（10）选择横排文字工具T，继续添加其他的辅助文字，如图7-61所示。采用相同的操作方法，添加其他商品和促销文字，最终效果如图7-62所示。

图7-61　输入其他辅助文字

图7-62　添加其他商品素材

7.2.4　制作商品详情页

【素材所在位置】素材/第7章/制作女装详情页/01.jpg~08.jpg。

【效果所在位置】效果/第7章/制作女装详情页.psd。

制作商品详情页的具体操作方法如下。

（1）单击"文件"|"新建"命令，在弹出的"新建"对话框中设置各项参数，单击"确定"按钮，如图7-63所示。打开"01.jpg"素材文件，将其拖入图像窗口中，适当调整其大小，如图7-64所示。

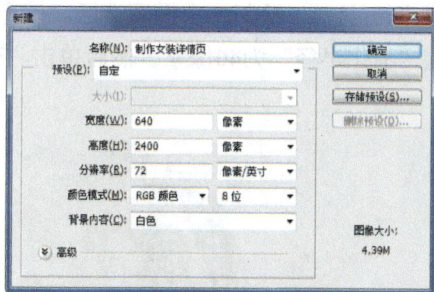

图7-63　新建文档

图7-64　添加详情页素材文件1

（2）打开"02.jpg"素材文件，使用魔棒工具 将其抠取出来，按【Ctrl+Shift+I】组合键反选选区，如图7-65所示。将选区内的图像拖入图像窗口中，调整其大小，并移到合适的位置，如图7-66所示。

图7-65　选取女装图像

图7-66　变换女装图像

（3）选择横排文字工具 T，输入相应的文字。打开"字符"面板，设置文字的各项参数，将其文本图层拖到"图层2"的下方，如图7-67所示。使用横排文字工具 T 继续添加其他的辅助文字，效果如图7-68所示。

图7-67　输入详情页文字并设置文字参数

图7-68　输入详情页其他文字

（4）选择矩形工具 ，绘制一个矩形，设置其填充色为RGB（41，40，42），如图

7-69所示。新建"图层3"，选择椭圆选框工具○，绘制一个椭圆选区。按【Shift+F6】组合键，打开"羽化选区"对话框，设置"羽化半径"为40像素，然后单击"确定"按钮，如图7-70所示。

图7-69　绘制详情页矩形　　　　　图7-70　羽化详情页选区

（5）设置前景色为RGB（62，63，92）并进行填充，按【Alt+Ctrl+G】组合键创建剪贴蒙版来控制显示，如图7-71所示。选择横排文字工具T，输入相应的标题文字，如图7-72所示。

图7-71　创建剪贴蒙版　　　　　　图7-72　输入标题文字

（6）打开"03.jpg"素材文件，将其拖入图像窗口中，适当调整其大小，如图7-73所示。选择矩形工具▬，绘制两个矩形，设置其填充色分别为白色和黑色，如图7-74所示。

图7-73　添加详情页素材文件2　　　图7-74　绘制两个矩形

（7）打开"04.jpg"素材文件，将其拖入图像窗口中后调整其大小和位置。按【Alt+Ctrl+G】组合键，创建剪贴蒙版，如图7-75所示。采用同样的方法，添加另一个素材文件，效果如图7-76所示。

图7-75　添加详情页素材文件3

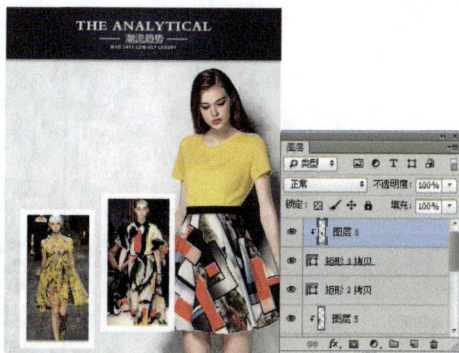

图7-76　添加其他素材

（8）选择横排文字工具T，输入相应的装饰文字，如图7-77所示。在"图层"面板中复制"标题"图层组，将其拖到图像窗口合适的位置，然后更改文字，效果如图7-78所示。

图7-77　输入装饰文字

图7-78　复制标题

（9）添加素材文件"06.jpg"，选择矩形工具▣，绘制一个白色矩形，如图7-79所示。继续添加素材文件"07.jpg"和"08.jpg"，分别调整它们的大小和位置，如图7-80所示。

图7-79　添加详情页素材文件4

图7-80　添加详情页其他素材文件

（10）选择横排文字工具**T**，输入相应的装饰文字，如图7-81所示。新建"图层10"，选择矩形选框工具▢，在整个图像窗口中绘制一个矩形选区。按【Ctrl+Shift +I】组合键反选选区，填充背景色RGB（62，63，92），为详情页添加一个边框效果，最终效果如图7-82所示。

| 图7-81　输入详情页文字 | 图7-82　添加边框效果 |

▶▶ 7.2.5　实战装修效果展示

实战任务

以主营服饰的微店为设计对象，进行店铺首页、商品详情页、底部导航菜单等的设计与制作。

主要步骤

1．打开奥派微店设计与装修实训软件，进入首页，选择模板和组件，进行首页规划设计。

2．进入详情页，选择模板，对商品详情页进行设计与装修。

3．打开底部导航菜单，设计并添加一级菜单和二级菜单。

4．确认以上操作后均保存并提交，单击"预览"按钮，即可查看店铺整体装修效果。

效果展示

利用奥派微店设计与装修实训软件设计制作后的服饰微店，其首页与商品详情页的效果如图7-83、图7-84所示。

图7-83 首页装修效果　　　　图7-84 商品详情页效果

课后实操题

【**练习知识要点**】使用不同的绘图工具绘制各种形状，使用剪贴蒙版添加商品图片，使用文字工具添加文字。

【**素材所在位置**】素材/第7章/制作文艺女装微店首页/01.jpg~09.jpg。

【**效果所在位置**】效果/第7章/制作文艺女装微店首页.psd，效果如图7-85所示。

图7-85 文艺女装微店首页

第8章

数码微店设计装修案例实操

学习目标

① 学习数码微店装修设计布局规划。
② 了解案例的主色调、配色扩展以及设计流程。
③ 掌握数码微店店招的制作方法。
④ 掌握数码微店促销广告的制作方法。
⑤ 掌握数码微店商品推荐区的制作方法。
⑥ 掌握数码微店商品详情页的制作方法。

图8-1所示为经过设计制作后的数码微店商品详情页案例效果。

图8-1 数码微店商品详情页

8.1 数码微店装修设计构思

　　本实例是为数码配件销售微店设计首页，画面中利用强对比的光影效果来突出商品的形象，通过折线的设计来引导顾客的视线，具有很强的设计感和观赏性。

8.1.1 装修设计布局规划

　　本实例的布局如图8-2所示。

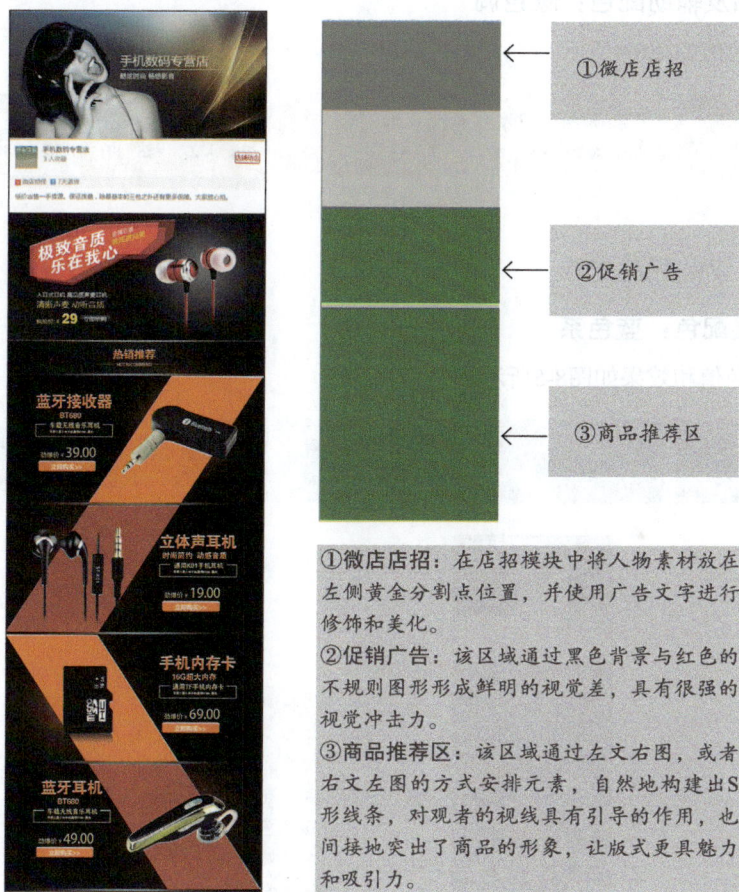

①微店店招：在店招模块中将人物素材放在左侧黄金分割点位置，并使用广告文字进行修饰和美化。
②促销广告：该区域通过黑色背景与红色的不规则图形形成鲜明的视觉差，具有很强的视觉冲击力。
③商品推荐区：该区域通过左文右图，或者右文左图的方式安排元素，自然地构建出S形线条，对观者的视线具有引导的作用，也间接地突出了商品的形象，让版式更具魅力和吸引力。

图8-2　数码微店布局

8.1.2 主色调：暗色调

　　本案例在色彩设计的过程中，使用了明度最低的黑色作为背景，因为黑色有一种神秘、威严和坚毅的感觉，通过它可以使商品更具质感。除了黑色以外，在设计中还使用了红色和橘色来对画面进行分割，由此来引导消费者的视线，突出更重要的信息，也使画面更加具有生机。

1. 页面背景及设计元素配色：黑色与暖色调

黑色与暖色调色值如图8-3所示。

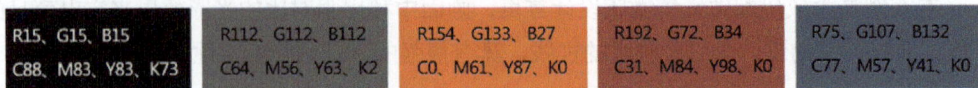

R15、G15、B15 C88、M83、Y83、K73	R112、G112、B112 C64、M56、Y63、K2	R154、G133、B27 C0、M61、Y87、K0	R192、G72、B34 C31、M84、Y98、K0	R75、G107、B132 C77、M57、Y41、K0

图8-3　黑色与暖色调

2. 商品及辅助配色：暖色调

暖色调色值如图8-4所示。

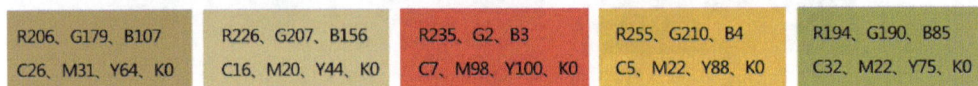

R206、G179、B107 C26、M31、Y64、K0	R226、G207、B156 C16、M20、Y44、K0	R235、G2、B3 C7、M98、Y100、K0	R255、G210、B4 C5、M22、Y88、K0	R194、G190、B85 C32、M22、Y75、K0

图8-4　暖色调

8.1.3　案例配色扩展

1. 扩展配色：蓝色系

蓝色系色值和效果如图8-5所示。

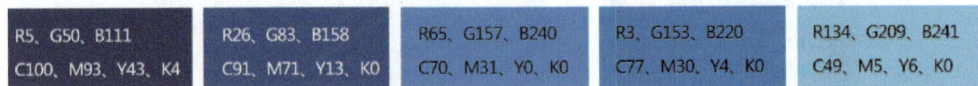

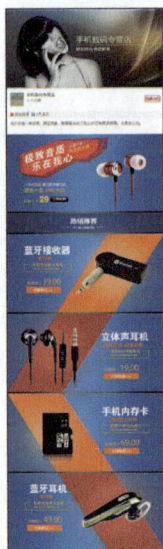

R5、G50、B111 C100、M93、Y43、K4	R26、G83、B158 C91、M71、Y13、K0	R65、G157、B240 C70、M31、Y0、K0	R3、G153、B220 C77、M30、Y4、K0	R134、G209、B241 C49、M5、Y6、K0

使用蓝色调所设计出的首页效果，可以看到画面中的商品显得更加突出，而蓝色代表智慧，与数码商品的形象和材质相符。

图8-5　蓝色系

2. 扩展配色：棕色系

棕色系色值和效果如图8-6所示。

R28、G7、B3	R57、G25、B8	R88、G55、B36	R172、G120、B81	R201、G158、B122
C80、M88、Y90、K74	C67、M85、Y99、K62	C62、M76、Y89、K41	C4、M59、Y72、K1	C27、M43、Y53、K0

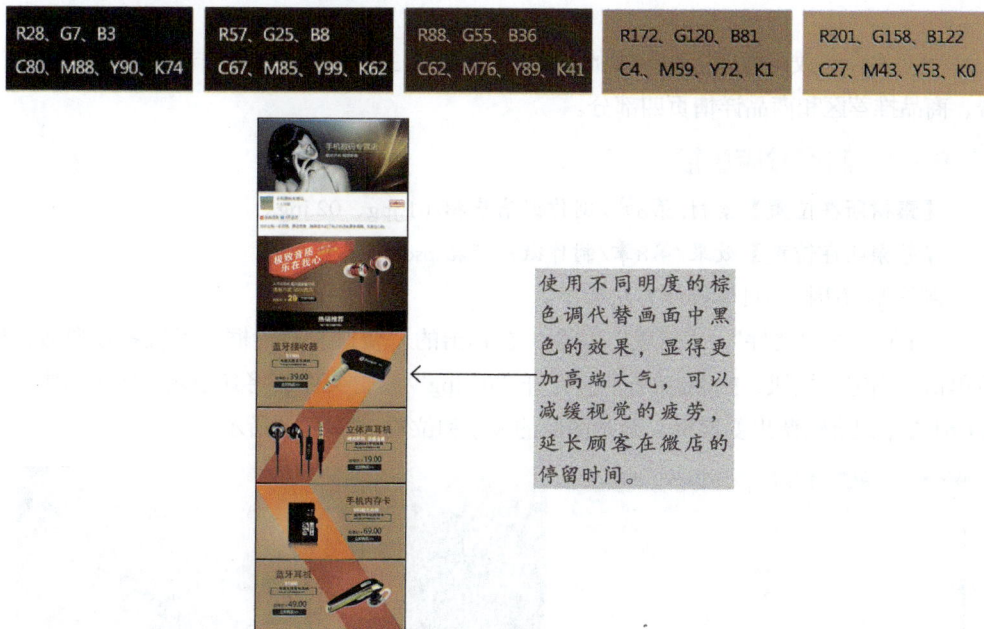

使用不同明度的棕色调代替画面中黑色的效果，显得更加高端大气，可以减缓视觉的疲劳，延长顾客在微店的停留时间。

图8-6　棕色系

8.1.4　案例设计流程

本案例的设计流程如图8-7所示。

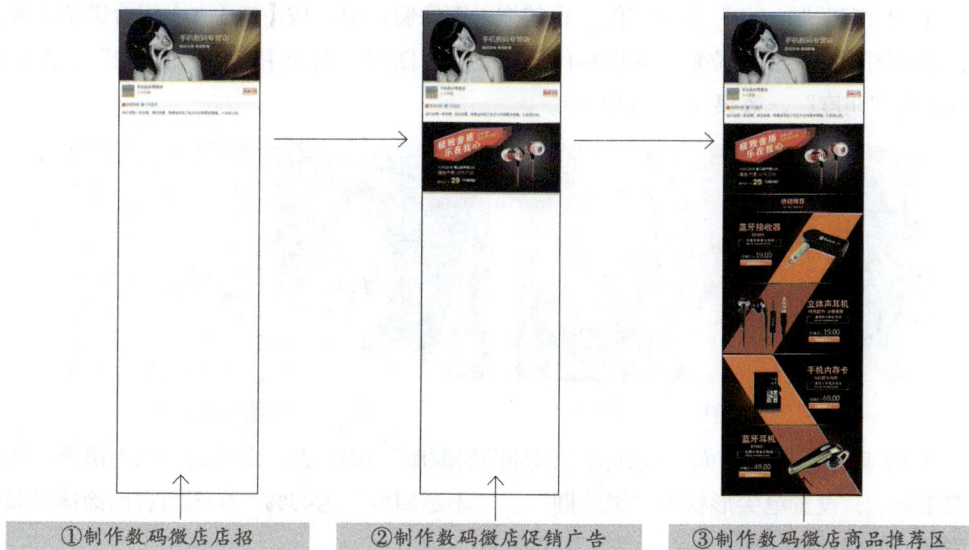

①制作数码微店店招　　　②制作数码微店促销广告　　　③制作数码微店商品推荐区

图8-7　数码微店案例设计流程

8.2 数码微店装修实战演练

下面将介绍数码微店店铺装修的实战操作过程，主要可以分为制作微店店招、促销广告、商品推荐区和商品详情页四部分。

8.2.1 制作微店店招

【**素材所在位置**】*素材/第8章/制作微店店招/01.jpg、02.jpg。*

【**效果所在位置**】*效果/第8章/制作微店店招.psd。*

制作微店店招的具体操作方法如下。

（1）单击"文件"|"新建"命令，在弹出的"新建"对话框中设置各项参数，然后单击"确定"按钮，如图8-8所示。打开"01.jpg"素材文件，将其拖入图像窗口中，按【Ctrl+T】组合键调出变换框，调整图像的大小和位置，如图8-9所示。

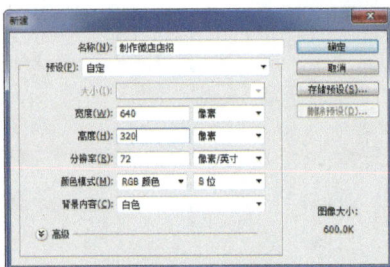

图8-8 新建店招文件

图8-9 添加店招素材文件1

（2）打开"02.jpg"素材文件，将其拖入图像窗口中。按【Ctrl+T】组合键调出变换框，调整图像的大小和位置，如图8-10所示。在"图层"面板中设置"图层2"的图层混合模式为"明度"，效果如图8-11所示。

图8-10 添加店招素材文件2

图8-11 设置图层混合模式

（3）单击"图层"面板底部的"添加图层蒙版"按钮，设置前景色为黑色。选择画笔工具，设置笔尖形状为"柔边圆"，"不透明度"为45%，在图像右侧涂抹隐藏部分图像，如图8-12所示。

图8-12　添加店招图层蒙版

（4）选择横排文字工具**T**，输入相应的文字。在"字符"面板中设置文字的各项参数，如图8-13所示。

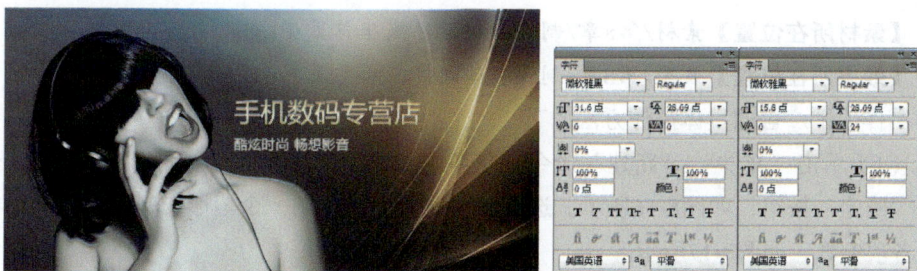

图8-13　输入店招文字并设置文字参数

（5）双击店铺名称文本图层，在弹出的"图层样式"对话框左侧选择"渐变叠加"选项，并在右侧设置各项参数，其中渐变色为RGB（216，205，126）、RGB（246，246，222）、RGB（231，219，167），单击"确定"按钮，如图8-14所示。

图8-14　添加渐变叠加效果

（6）选择直线工具，在其属性栏中设置填充色为白色，"粗细"为1像素，在文字中间绘制一条直线，最终效果如图8-15所示。

图8-15　绘制直线

8.2.2　制作促销广告

【素材所在位置】 素材/第8章/制作数码配件微店首页/01.jpg、02.png、03.psd。

【效果所在位置】 效果/第8章/制作数码配件微店首页.psd。

制作促销广告的具体操作方法如下。

（1）单击"文件"|"新建"命令，在弹出的"新建"对话框中设置各项参数，然后单击"确定"按钮，如图8-16所示。选择矩形工具▇，绘制一个矩形，在"属性"面板中设置各项参数，如图8-17所示。

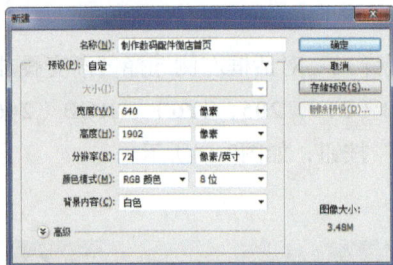

图8-16　新建"制作促销广告"对话框

图8-17　绘制促销广告矩形

（2）打开"01.jpg"素材文件，将其拖入图像窗口中。按【Alt+Ctrl+G】组合键创建剪贴蒙版，隐藏多余的图像，效果如图8-18所示。按【Ctrl+T】组合键调出变换框，调整图像的大小和位置，如图8-19所示。

图8-18　添加促销广告素材文件1

图8-19　变换促销广告图像

（3）选择多边形套索工具 ，拖动鼠标绘制一个多边形选区，如图8-20所示。单击"创建新图层"按钮 ，新建"图层2"。设置前景色为RGB（246，0，1），按【Alt+Delete】组合键填充选区，如图8-21所示。

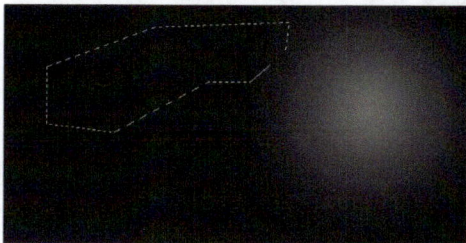

图8-20　绘制多边形选区

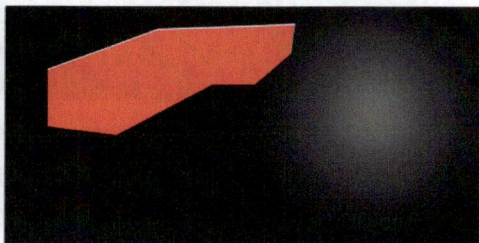

图8-21　填充选区

（4）设置"图层2"的图层"不透明度"为50%，如图8-22所示。按【Ctrl+J】组合键两次复制图像，按【Ctrl+T】组合键分别调整它们的大小和位置，然后设置"图层2拷贝2"的图层"不透明度"为80%，如图8-23所示。

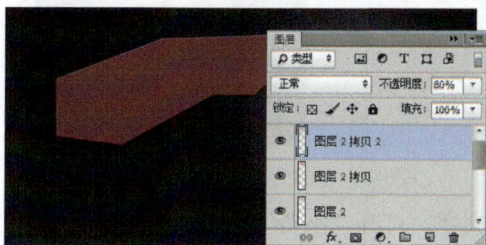

图8-22　设置图层不透明度

图8-23　复制多个图层

（5）选择横排文字工具 ，输入相应的文字。打开"字符"面板，设置文字的各项参数，如图8-24所示。按【Ctrl+T】组合键调出变换框并右击，在弹出的快捷菜单中选择"斜切"命令，变换文字，效果如图8-25所示。

图8-24　输入促销广告相应文字并设置文字参数

图8-25　变换文字

（6）采用同样的方法，选择横排文字工具 ，输入其他文字，然后对文字进行变形处理，如图8-26所示。

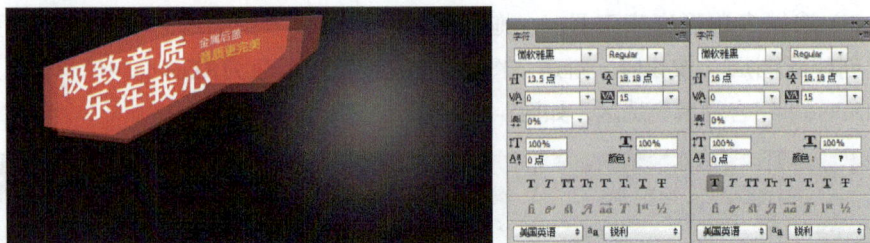

图8-26　输入其他文字并进行变形处理

（7）打开"02.png"素材文件，将其拖到图像窗口中。按【Ctrl+T】组合键，调出变换框，调整图像的大小和位置，如图8-27所示。单击"添加图层蒙版"按钮█，设置前景色为黑色，选择画笔工具✍，设置笔尖形状为"柔边圆"，"不透明度"为45%，在图像下方涂抹隐藏部分图像，如图8-28所示。

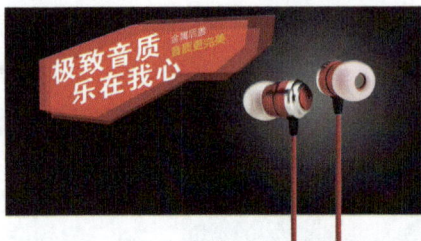

图8-27　添加促销广告素材文件2

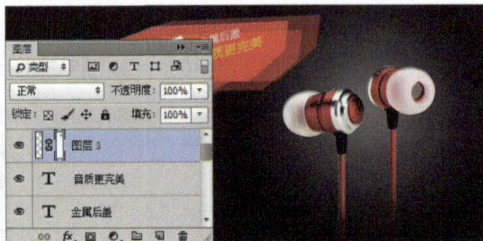

图8-28　添加促销广告图层蒙版

（8）选择横排文字工具█，输入相应的文字。打开"字符"面板，设置文字的各项参数，如图8-29所示。

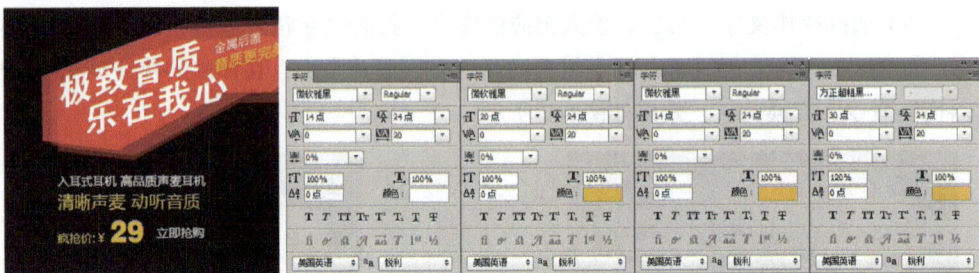

图8-29　输入其他文字并设置文字参数

（9）选择圆角矩形工具█，绘制一个圆角矩形，在"属性"面板中设置其各项参数，如图8-30所示。单击"添加图层样式"按钮▰，在弹出的下拉菜单中选择"渐变叠加"选项，在弹出的"图层样式"对话框中设置各项参数，然后单击"确定"按钮，如图8-31所示。

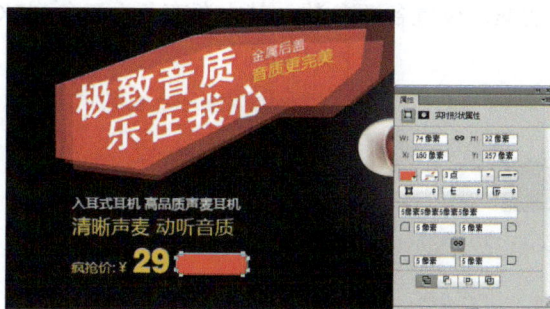

图8-30　绘制促销广告圆角矩形　　　图8-31　添加渐变叠加效果

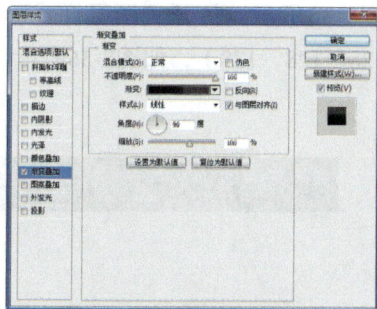

（10）此时可以看到已经为圆角矩形添加了渐变效果，将其图层拖到"立即抢购"文本图层的下方，最终效果如图8-32所示。

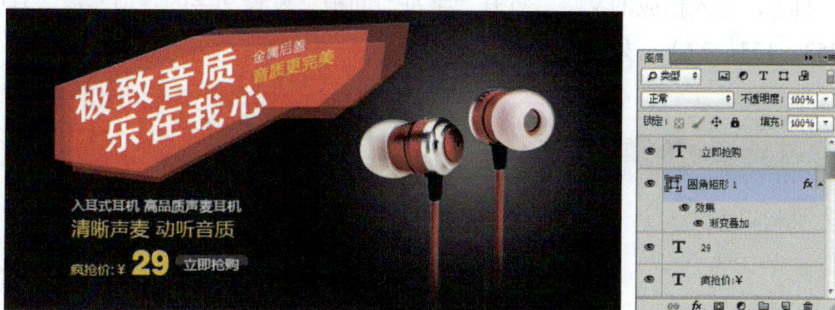

图8-32　促销广告最终效果

8.2.3　制作商品推荐区

制作商品推荐区的具体操作方法如下。

（1）选择矩形工具 ▉，绘制一个矩形形状，在"属性"面板中设置各项参数，如图8-33所示。单击"添加图层样式"按钮 fx，在弹出的下拉菜单中选择"渐变叠加"选项，在弹出的"图层样式"对话框中设置各项参数，其中渐变色为黑色到RGB（40，40，40），单击"确定"按钮，如图8-34所示。

图8-33　绘制推荐区矩形1　　　图8-34　推荐区"图层样式"对话框1

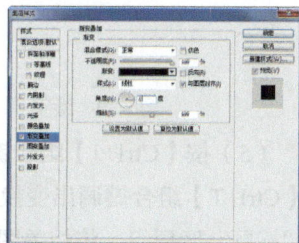

（2）选择矩形工具 ▉，继续绘制一个矩形条，在"属性"面板中设置各项参数，

如图8-35所示。打开"图层样式"对话框，设置各项参数，其中渐变色为黑色到RGB（128，128，128），如图8-36所示。

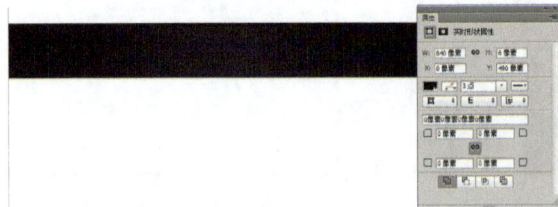

图8-35　绘制矩形条

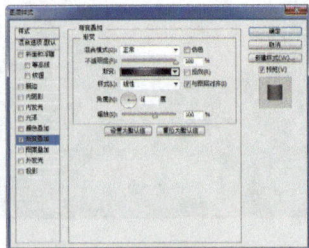

图8-36　推荐区"图层样式"对话框2

（3）按【Ctrl+J】组合键复制矩形条，将其拖到矩形的下方，如图8-37所示。选择横排文字工具T，输入相应的文字。打开"字符"面板，设置文字的各项参数，其中颜色为RGB（253，133，27），如图8-38所示。

图8-37　复制推荐区图像1

图8-38　输入推荐区相应文字并设置文字参数1

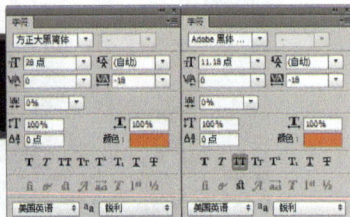

（4）选择直线工具，按住鼠标左键并拖动，绘制一条直线，如图8-39所示。单击"添加图层蒙版"按钮，选择渐变工具，设置渐变色为黑色到透明色，拖动鼠标绘制渐变色隐藏部分图像，如图8-40所示。

图8-39　绘制直线

图8-40　添加推荐区图层蒙版

（5）按【Ctrl+J】组合键复制"形状1"，并将其移到合适的位置，如图8-41所示。按【Ctrl+T】组合键调出变换框并右击，在弹出的快捷菜单中选择"水平翻转"命令。新建"标题"图层组，将相关图层添加到图层组中，如图8-42所示。

图8-41 复制推荐区图像2

图8-42 变换推荐区图像

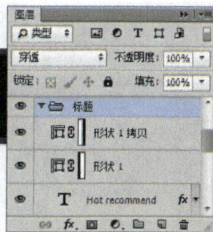

（6）选择矩形工具▣，绘制一个矩形形状，在"属性"面板中设置各项参数，其中填充色为黑色，如图8-43所示。打开"03.psd"素材文件，将需要的商品拖入图像窗口中。按【Ctrl+T】组合键调出变换框，调整图像的大小和位置，如图8-44所示。

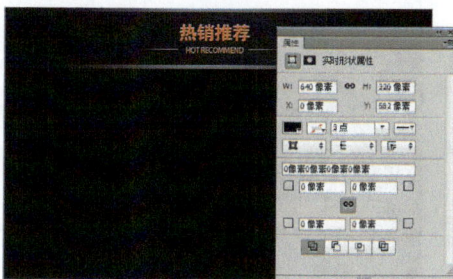

图8-43 绘制推荐区矩形2

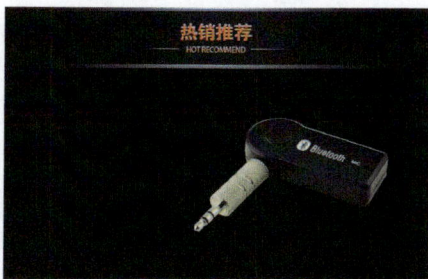

图8-44 添加推荐区素材文件

（7）选择横排文字工具T，输入相应的文字。打开"字符"面板，设置文字的各项参数，如图8-45所示。

图8-45 输入推荐区相应文字并设置文字参数2

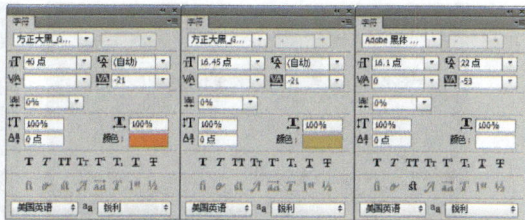

（8）选择圆角矩形工具▣，绘制一个圆角矩形，在"属性"面板中设置其各项参数，如图8-46所示。选择矩形工具▣，绘制一个矩形，在"属性"面板中设置各项参数，其中填充色为RGB（219，184，105），如图8-47所示。

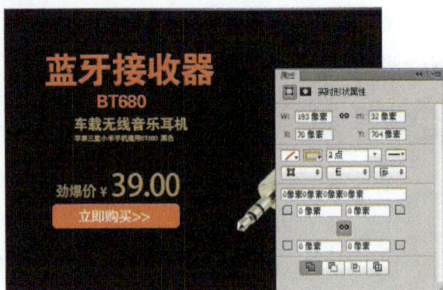

图8-46 绘制推荐区圆角矩形

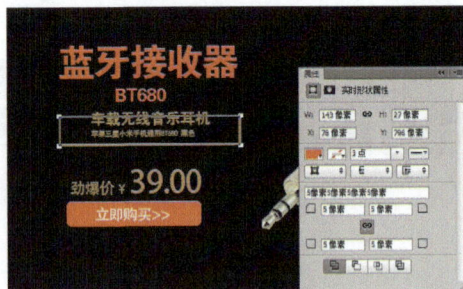

图8-47 绘制推荐区矩形边框

（9）选择矩形选框工具，在矩形边框上绘制一个矩形选区，如图8-48所示。按住【Alt】键的同时单击"添加图层蒙版"按钮，隐藏部分图像，效果如图8-49所示。

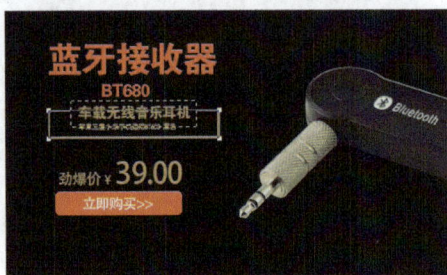

图8-48 创建推荐区选区1

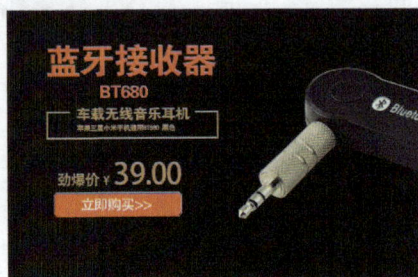

图8-49 隐藏多余图像

（10）选择多边形套索工具，拖动鼠标绘制一个多边形选区，如图8-50所示。单击"创建新图层"按钮，新建一个图层。设置前景色为RGB（253，133，27），按【Alt+Delete】组合键填充选区，如图8-51所示。

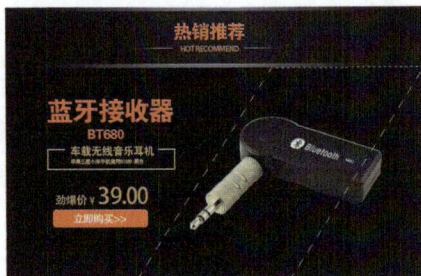

图8-50 创建推荐区选区2

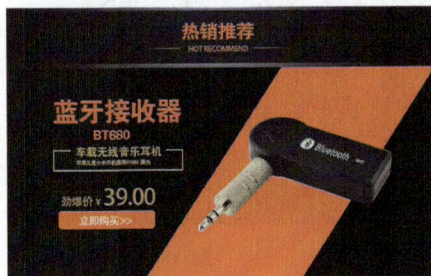

图8-51 填充推荐区选区1

（11）选择椭圆选框工具，创建一个圆形选区，如图8-52所示。单击"选择"|"修改"|"羽化"命令，在弹出的"羽化选区"对话框中设置参数，然后单击"确定"按钮，如图8-53所示。

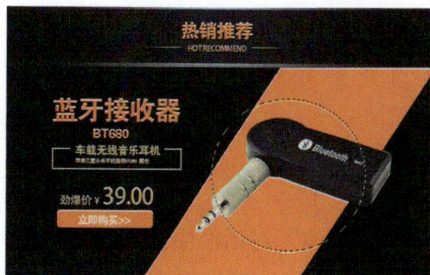

图8-52　创建圆形选区

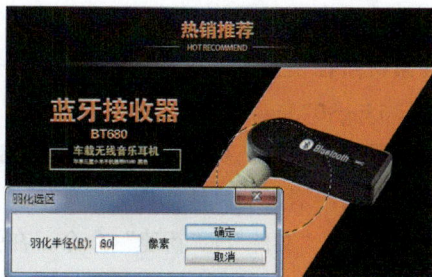

图8-53　羽化选区

（12）单击"创建新图层"按钮，新建一个图层，按【Alt+Delete】组合键填充选区，将其移到商品图层的下方，如图8-54所示。将之前的小矩形条复制并移到图像的最下方，效果如图8-55所示。

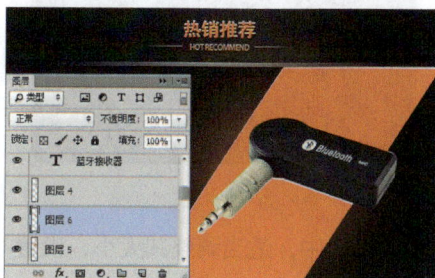

图8-54　填充推荐区选区2

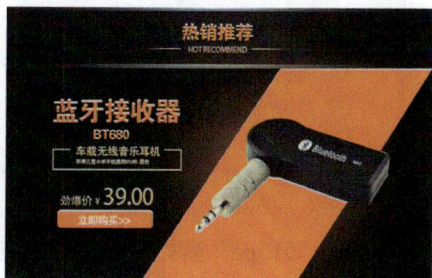

图8-55　复制并移动图像

（13）新建"推荐1"图层组，将商品素材图片与相关的文字图层添加到图层组中，并复制图层组，调整其位置，如图8-56所示。根据需要更换图层组中的素材图片和相关文字，最终效果如图8-57所示。

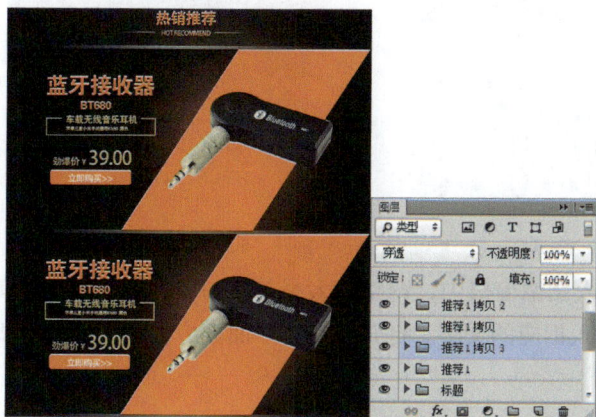

图8-56　管理并复制推荐区图层组

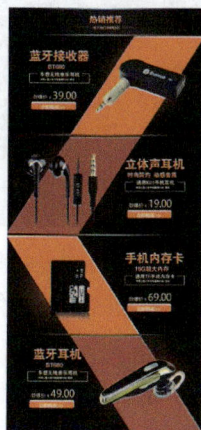

图8-57　更换推荐区素材与文字

8.2.4 制作商品详情页

【素材所在位置】素材/第8章/制作低音炮详情页/01.jpg、02.jpg、03.png、04.jpg、05.png、06.jpg~07.jpg。

【效果所在位置】效果/第8章/制作低音炮详情页.psd。

制作商品详情页的具体操作方法如下。

（1）单击"文件"｜"新建"命令，在弹出的"新建"对话框中设置各项参数，然后单击"确定"按钮，如图8-58所示。新建"图层1"。选择矩形选框工具，绘制一个矩形选区，并将其填充为黑色，如图8-59所示。

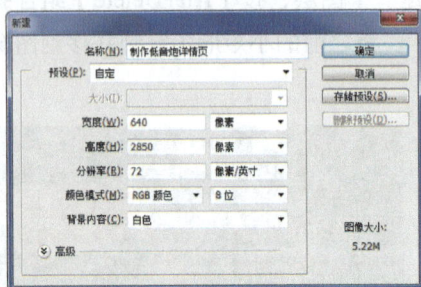

图8-58 新建文档

图8-59 填充矩形选区

（2）打开"01.jpg"素材文件，将其拖入图像窗口中，适当调整其大小，设置"图层2"的不透明度为28%，如图8-60所示。打开"02.jpg"素材文件，使用魔棒工具将其抠取出来，按【Ctrl+Shift+I】组合键反选选区，按住【Shift】键在下方添加一个矩形选区，如图8-61所示。

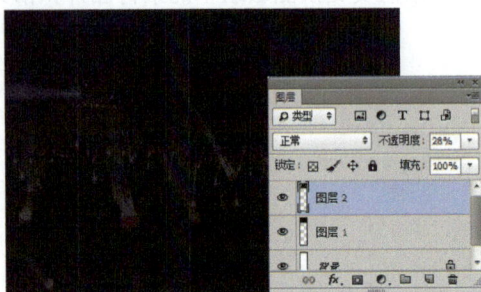

图8-60 添加详情页素材文件1

图8-61 选取图像

（3）将选区内的图像拖入图像窗口中，调整其大小并移到合适的位置，如图8-62所示。选择横排文字工具T，输入相应的文字。打开"字符"面板，设置文字的各项参数，如图8-63所示。

图8-62　变换图像

图8-63　输入详情页相应文字并设置文字参数

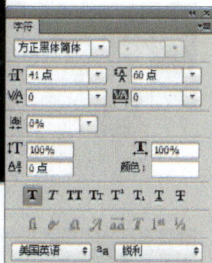

（4）单击"图层"面板下方的"添加图层样式"按钮 _fx_，在弹出的下拉菜单中选择"渐变叠加"选项，在弹出的"图层样式"对话框中设置各项参数，然后单击"确定"按钮，如图8-64所示。使用横排文字工具 T 继续添加其他辅助文字，效果如图8-65所示。

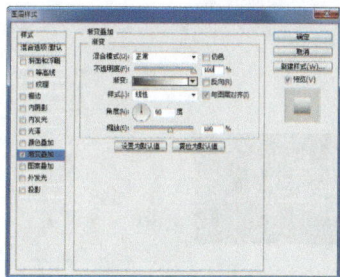

图8-64　推荐区"图层样式"对话框

图8-65　输入文字

（5）选择圆角矩形工具 ◻，绘制一个圆角矩形边框，在"属性"面板中设置其各项参数。按【Ctrl+J】组合键将其复制三个，然后将它们调整到合适的位置，如图8-66所示。打开"03.png"光效素材文件，将其拖入图像窗口中，复制多个并适当调整其大小和位置，如图8-67所示。

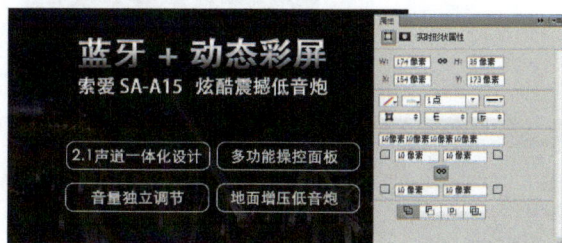

图8-66　绘制圆角矩形

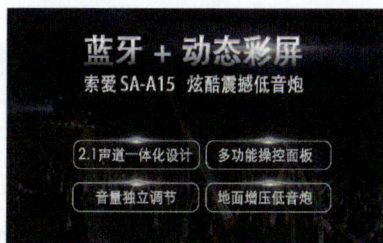

图8-67　添加详情页素材文件2

（6）新建"图层5"，选择矩形选框工具 ⬚，绘制一个矩形选区。设置前景色为RGB（45，44，44），按【Alt+Delete】组合键进行填充，如图8-68所示。新建"图层

6"，选择钢笔工具 ✐，绘制一个三角形路径，按【Ctrl+Enter】组合键将路径转换为选区，并填充颜色RGB（38，38，38），如图8-69所示。

图8-68　填充详情页选区

图8-69　绘制路径并填充

（7）选择横排文字工具 T，输入相应的标题文字，如图8-70所示。选择矩形工具 ▭，绘制一个矩形边框，在"属性"面板中设置其各项参数，如图8-71所示。

图8-70　输入相应文字

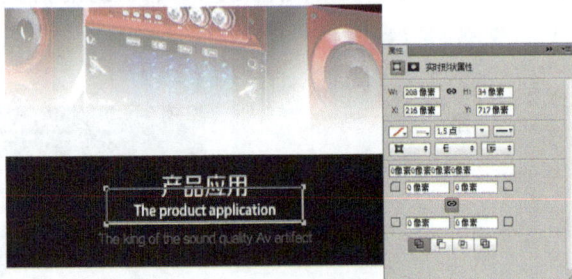

图8-71　绘制详情页矩形边框

（8）单击"图层"面板底部的"添加图层蒙版"按钮 ▣，选择矩形选框工具 ▯，绘制一个矩形选区。设置前景色为黑色，按【Alt+Delete】组合键填充隐藏部分图像，如图8-72所示。添加素材文件"04.jpg"和"05.png"，调整它们的大小和位置，效果如图8-73所示。

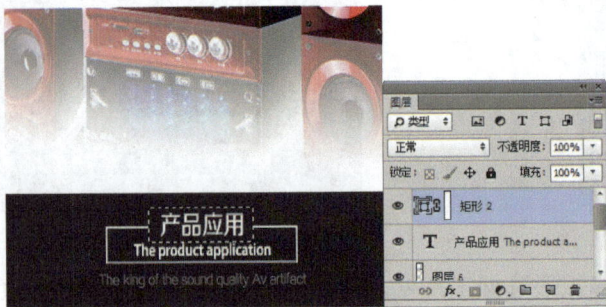

图8-72　添加详情页图层蒙版

图8-73　添加详情页素材文件3

（9）选择横排文字工具**T**，输入相应的信息文字，如图8-74所示。采用同样的方法，添加其他素材文件和信息文字，然后调整它们的大小和位置，如图8-75所示。

图8-74　输入信息文字

图8-75　添加详情页其他素材和文字

▶▶ 8.2.5　实战装修效果展示

实战任务

以主营数码商品的微店为设计对象，进行店铺首页、商品详情页、底部导航菜单等的设计与制作。

主要步骤

1. 打开奥派微店设计与装修实训软件，进入首页，选择模板和组件，进行首页规划设计。

2. 进入详情页，选择模板，对商品详情页进行设计与装修。

3. 打开底部导航菜单，设计并添加一级菜单和二级菜单。

4. 确认以上操作后均保存并提交，单击"预览"按钮，即可查看店铺整体装修效果。

效果展示

利用奥派微店设计与装修实训软件设计制作后的数码微店，其首页与商品详情页的效果如图8-76、图8-77所示。

图8-76 首页装修效果　　　　　　图8-77 商品详情页效果

课后实操题

【练习知识要点】使用魔棒工具抠取商品，使用多边形套索工具创建选区，使用图层样式添加各种效果，使用文字工具添加文字。

【素材所在位置】素材/第8章/制作手机壳详情页/01.jpg~05.jpg。

【效果所在位置】效果/第8章/制作手机壳详情页.psd，效果如图8-78所示。

图8-78 手机壳详情页

第9章

母婴微店设计装修案例实操

图9-1所示为经过设计制作后的母婴微店商品详情页案例效果。

图9-1　母婴微店商品详情页效果

9.1 母婴微店装修设计构思

本实例是为母婴店铺设计制作微店店铺首页以及商品详情页，制作过程中通过使用鲜明的高纯度色彩来对页面色调进行修饰，展现出可爱、温馨的视觉效果。

9.1.1 装修设计布局规划

本实例的布局如图9-2所示。

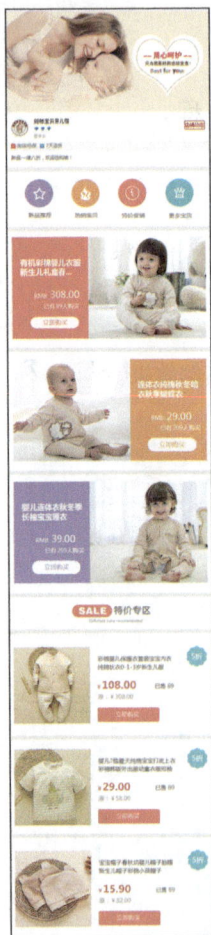

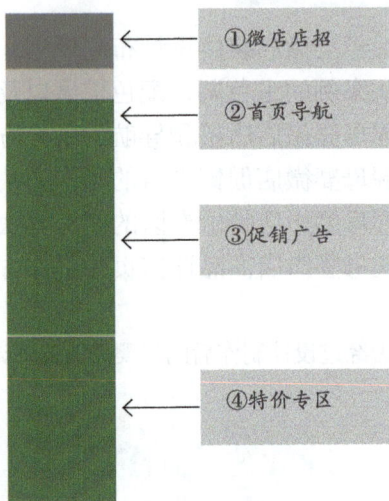

① 微店店招
② 首页导航
③ 促销广告
④ 特价专区

①微店店招：在店招模块中使用母婴图片进行展示，通过渐隐效果来让文字更加突出，让店铺主题更加明确。
②促销广告：该区域通过使用商品图片与文字结合的方式进行展示，能够完整地表现出商品的特点和形象。
③特价专区：使用商品图片搭配色调和外形和谐的标题文字，并加入相应的链接按钮，让顾客能够随时进入其页面了解详情。

图9-2 母婴微店首页布局

9.1.2 主色调：高纯度暖色调

本案例主要使用不同明度的肤色和橘黄暖色调，由于暖色调能够给人带来温暖的意向，大面积、高纯度的暖色调则可以让画面表现得更加明亮和阳光，与母婴店铺中商品的形象和童装的功能相一致。此外，商品中的配色大部分也为暖色调，与设计元素的配色基本一致，自然地表现出浓浓的温暖之情。

1. 页面背景及设计元素配色：高纯度色彩

高纯度色彩的色值如图9-3所示。

R246、G155、B146	R246、G190、B131	R181、G166、B215	R238、G229、B206	R110、G203、B223
C3、M51、Y35、K0	C5、M33、Y51、K0	C35、M37、Y0、K0	C9、M11、Y22、K0	C56、M4、Y17、K0

图9-3　高纯度色彩

2. 商品及辅助配色：类似色调

类似色调的色值如图9-4所示。

R69、G59、B56	R227、G217、B210	R246、G229、B219	R198、G202、B162	R175、G184、B205
C73、M72、Y71、K38	C13、M16、Y16、K0	C4、M13、Y14、K0	C28、M17、Y41、K0	C37、M25、Y13、K0

图9-4　类似色调

9.1.3　案例配色扩展

1. 扩展配色：互补色系

互补色系的色值和效果如图9-5所示。

R195、G226、B204	R252、G214、B151	R254、G236、B210	R249、G210、B220	R243、G168、B180
C28、M0、Y25、K0	C0、M20、Y45、K0	C0、M10、Y20、K0	C0、M25、Y5、K0	C0、M45、Y15、K0

使用互补的粉色和绿色调所设计出的首页效果，可以看到画面变得更加清新，营造出粉嫩、可爱的氛围。

图9-5　互补色系

2. 扩展配色：同类色系

同类色系的色值和效果如图9-6所示。

R235、G214、B209 C0、M15、Y10、K10	R238、G230、B218 C0、M15、Y10、K10	R252、G251、B244 C2、M2、Y6、K0	R246、G230、B221 C0、M10、Y10、K5	R228、G213、B199 C0、M10、Y15、K15

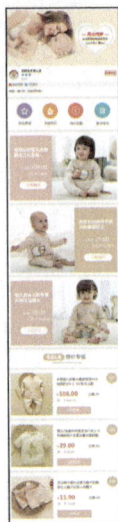

使用不同明度的白色作为主色调，更好地体现出童装材质的轻柔、舒适，让消费者放心购买。

图9-6　同类色系

▶▶ 9.1.4　案例设计流程

本案例的设计流程如图9-7所示。

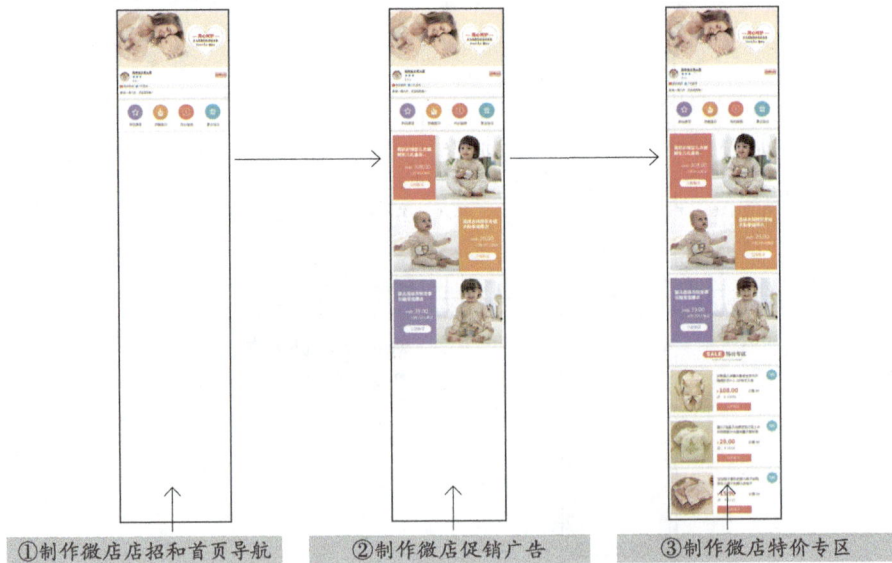

①制作微店店招和首页导航　　②制作微店促销广告　　③制作微店特价专区

图9-7　母婴微店案例设计流程

9.2 母婴微店装修实战演练

下面将介绍母婴微店店铺装修的实战操作过程，主要可以分为制作微店店招、首页导航、促销广告、特价专区和商品详情页五部分。

9.2.1 制作微店店招

【**素材所在位置**】素材/第9章/制作微店店招/01.jpg。

【**效果所在位置**】效果/第9章/制作微店店招.psd。

制作微店店招的具体操作方法如下。

（1）单击"文件"|"新建"命令，在弹出的"新建"对话框中设置各项参数，然后单击"确定"按钮，如图9-8所示。设置前景色为RGB（250，240，225），按【Alt+Delete】组合键进行填充，如图9-9所示。

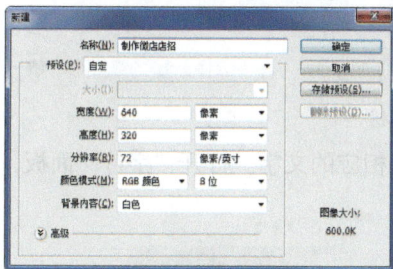

图9-8　新建店招文件

图9-9　填充背景色

（2）打开"01.jpg"素材文件，将其拖入之前的图像窗口中。按【Ctrl+T】组合键调出变换框，调整图像的大小和位置，如图9-10所示。在"图层"面板中设置"图层1"的图层混合模式为"正片叠底"，图层的"不透明度"为80%，效果如图9-11所示。

图9-10　变换图像

图9-11　设置图层混合模式与不透明度

（3）在"图层"面板中单击"添加图层蒙版"按钮，选择渐变工具，设置渐变色为从白色到黑色，在图层蒙版上绘制从上到下的垂直渐变，效果如图9-12所示。

图9-12　添加并编辑图层蒙版

（4）选择自定形状工具 ，在其工具属性栏中选择"形状"工具模式，设置填充色为白色，"形状"为"红心形卡"，绘制一个心形，效果如图9-13所示。

图9-13　绘制心形形状

（5）选择横排文字工具 T，在心形图形上输入相应的文字。打开"字符"面板，设置文字的各项参数，效果如图9-14所示。

图9-14　输入文字并设置文字参数

（6）继续使用自定形状工具 和横排文字工具 T 绘制所需的形状和文字作为装饰，最终效果如图9-15所示。

图9-15　店招最终效果

▶▶ 9.2.2　制作首页导航

【**素材所在位置**】*素材/第9章/制作母婴微店首页/01.jpg~06.jpg。*

【**效果所在位置**】*效果/第9章/制作母婴微店首页.psd。*

制作首页导航的具体操作方法如下。

（1）单击"文件"|"新建"命令，在弹出的"新建"对话框中设置各项参数，然后单击"确定"按钮，如图9-16所示。选择椭圆工具 ，绘制一个正圆图形，设置填充色为RGB（181，166，215），如图9-17所示。

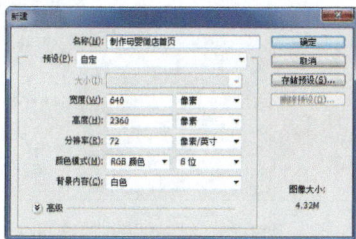

图9-16　新建首页导航文件

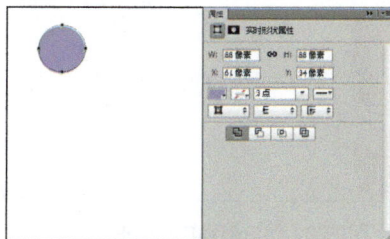

图9-17　绘制正圆

（2）将圆形复制3个，更改它们的颜色，效果如图9-18所示。选择自定形状工具 ，在其工具属性栏中选择"形状"工具模式，设置填充色为白色，"形状"为"五角星边框"，在圆形中间绘制一个图形，如图9-19所示。

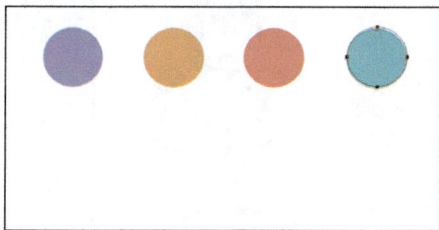

图9-18　绘制导航中的其他圆形1

图9-19　绘制五角星边框

（3）继续使用自定形状工具 绘制其他图形，效果如图9-20所示。选择横排文字工具 ，输入相应的文字，在"字符"面板中设置文字的各项参数，最终效果如图9-21所示。

图9-20　绘制导航中的其他图形2

图9-21　输入导航文字并设置文字参数

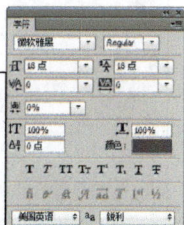

➤➤ 9.2.3 制作促销广告

制作促销广告的具体操作方法如下。

（1）选择矩形工具■，绘制一个矩形形状，在"属性"面板中设置各项参数，其中填充色为RGB（246，155，146），如图9-22所示。继续在图像窗口右侧绘制一个矩形，填充色为任意颜色，效果如图9-23所示。

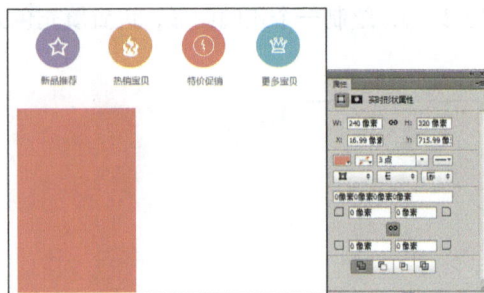

图9-22 绘制促销广告矩形1

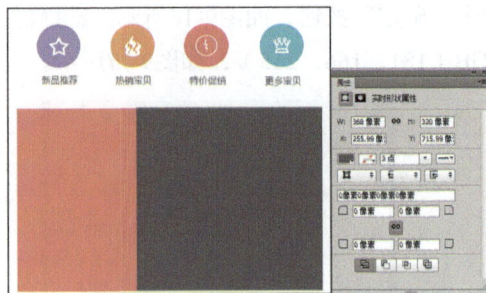

图9-23 绘制促销广告矩形2

（2）按【Ctrl+O】组合键，打开"01.jpg"素材文件，将其拖入图像窗口中。按【Alt+Ctrl+G】组合键创建剪贴蒙版，然后按【Ctrl+T】组合键调整图像的大小，如图9-24所示。选择圆角矩形工具■，绘制一个白色的圆角矩形，如图9-25所示。

图9-24 添加促销广告素材文件

图9-25 绘制促销广告圆角矩形

（3）选择横排文字工具**T**，输入相应的文字。打开"字符"面板，设置文字的各项参数，如图9-26所示。继续输入其他促销文字信息，效果如图9-27所示。

图9-26 输入促销广告文字并设置文字参数

图9-27 输入促销广告其他文字

（4）新建"促销1"图层组，将商品素材图片与相关的文字图层添加到图层组中，并复制图层组，调整其位置，如图9-28所示。更换图层组中的素材文件与文字，效果如图9-29所示。

图9-28　管理并复制促销广告图层

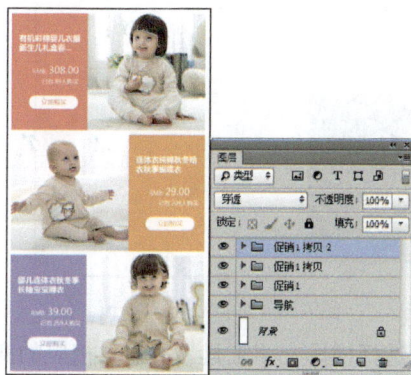

图9-29　更换促销广告素材和文字

9.2.4　制作特价专区

制作特价专区的具体操作方法如下。

（1）选择圆角矩形工具 ▢，绘制一个圆角矩形，如图9-30所示。选择横排文字工具 T，在图形上输入相应的文字。打开"字符"面板，设置文字的各项参数，如图9-31所示。

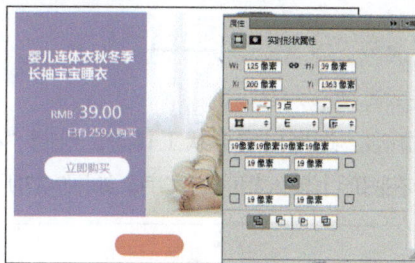

图9-30　绘制特价专区圆角矩形

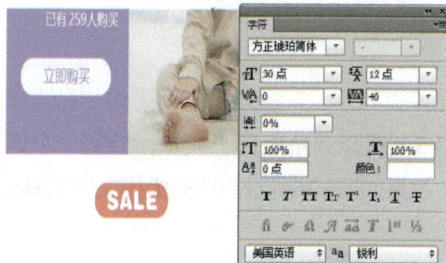

图9-31　输入特价专区文字并设置文字参数1

（2）继续使用横排文字工具 T 输入其他相应的标题文字，打开"字符"面板，设置文字的各项参数，如图9-32所示。

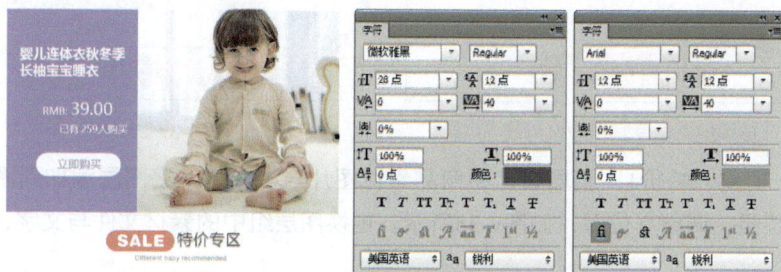

图9-32　输入特价专区其他文字并设置文字参数

（3）选择矩形工具 ▭，绘制一个矩形形状，在"属性"面板中设置各项参数，如图 9-33 所示。打开"01.jpg"素材文件，将其拖入之前的图像窗口中。按【Alt+Ctrl+G】组合键创建剪贴蒙版，然后按【Ctrl+T】组合键调整图像的大小，如图 9-34 所示。

图9-33　绘制矩形形状

图9-34　添加特价专区素材文件

（4）选择横排文字工具 T，输入相应的商品促销文字。打开"字符"面板，设置文字的各项参数，如图 9-35 所示。

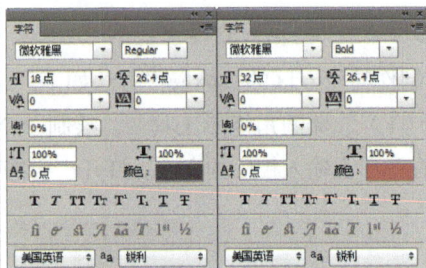

图9-35　输入特价专区文字并设置文字参数2

（5）选择圆角矩形工具 ▢，绘制一个圆角矩形。选择自定形状工具 ✿，绘制"花1"图形，效果如图 9-36 所示。选择横排文字工具 T，在图形上输入相应的文字，如图 9-37 所示。

图9-36　绘制特价专区形状

图9-37　输入文字

（6）新建"特价1"图层组，将商品素材图片与相关的文字图层添加到图层组中，并复制图层组，调整其位置，如图 9-38 所示。更换图层组中的素材文件与文字，效果如图 9-39 所示。

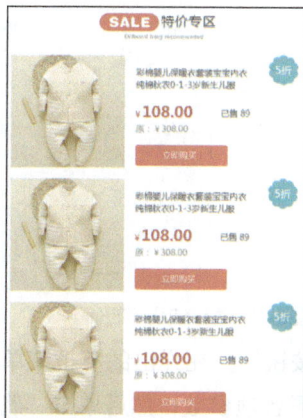

图9-38　管理并复制特价专区图层

图9-39　更换特价专区素材和文字

（7）选择曝光过度的商品素材图片，单击"图像"|"调整"|"曲线"命令，在弹出的"曲线"对话框中单击曲线并将其拖曳，调整图像的明暗度，如图9-40所示。采用同样的方法调整其他素材文件，最终效果如图9-41所示。

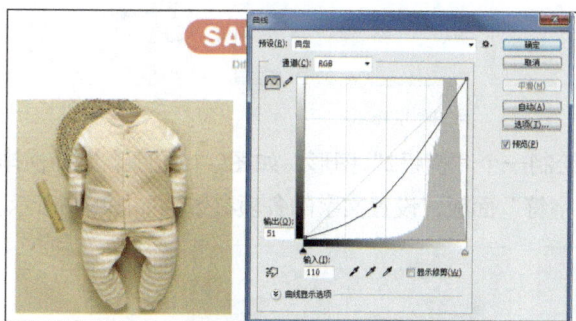

图9-40　调整图像明暗度

图9-41　调整其他素材文件

9.2.5　制作商品详情页

【素材所在位置】素材/第9章/制作奶瓶详情页/01.png~05.png、06.jpg~11.jpg。

【效果所在位置】效果/第9章/制作奶瓶详情页.psd。

制作商品详情页的具体操作方法如下。

（1）单击"文件"|"新建"命令，在弹出的"新建"对话框中设置各项参数，然后单击"确定"按钮，如图9-42所示。新建"图层1"，选择矩形选框工具，绘制一个矩形选区。选择渐变工具，设置渐变色为RGB（148，230，255）到RGB（180，239，255），拖动鼠标绘制渐变色，如图9-43所示。

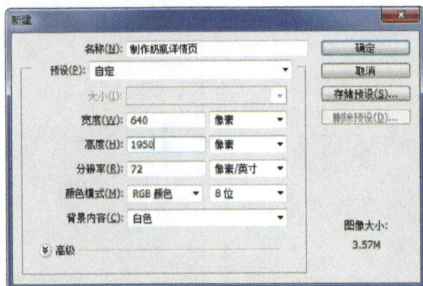

图9-42　新建详情页文档

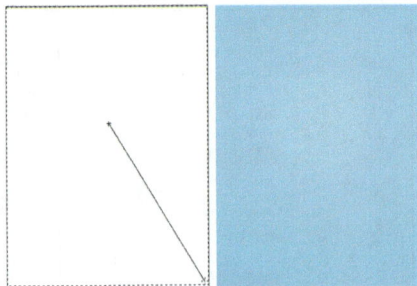

图9-43　填充矩形选区

（2）单击"图层"面板下方的"添加图层样式"按钮 fx，在弹出的下拉菜单中选择"图案叠加"选项，在弹出的"图层样式"对话框中设置各项参数，然后单击"确定"按钮，效果如图9-44所示。

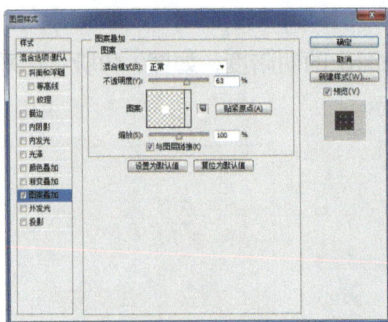

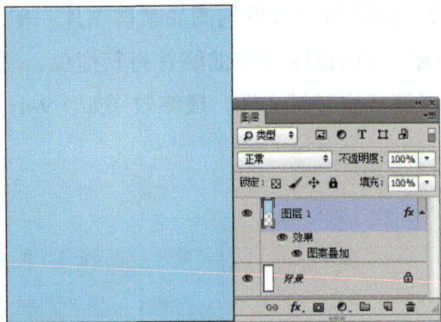

图9-44　添加图层样式

（3）选择自定形状工具，绘制一个"横幅2"图形，如图9-45所示。选择横排文字工具 T，输入相应的文字。打开"字符"面板，设置文字的各项参数，如图9-46所示。

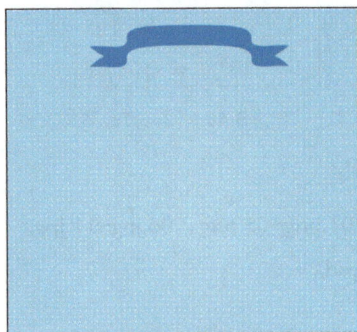

图9-45　绘制图形

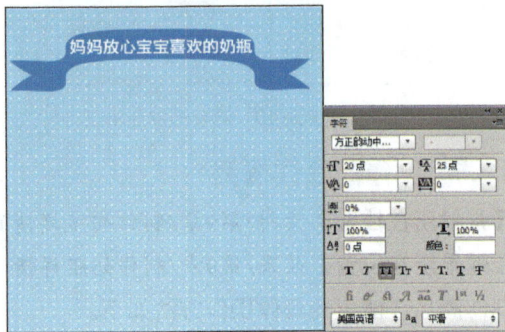

图9-46　输入详情页文字并设置文字参数1

（4）单击属性栏中的"创建文字变形"按钮，在弹出的"变形文字"对话框中设置各项参数，效果如图9-47所示。打开"01.png"素材文件，将其拖入图像窗口中，适当调整其大小，如图9-48所示。

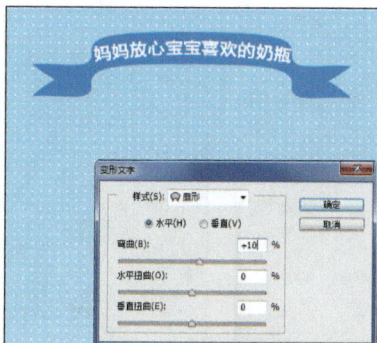

图9-47　变形文字1

图9-48　添加详情页素材文件1

（5）双击"图层2"，在弹出的"图层样式"对话框中设置各项参数，为素材添加投影效果，如图9-49所示。打开"02.png"素材文件，将其拖入图像窗口中，适当调整其大小，如图9-50所示。

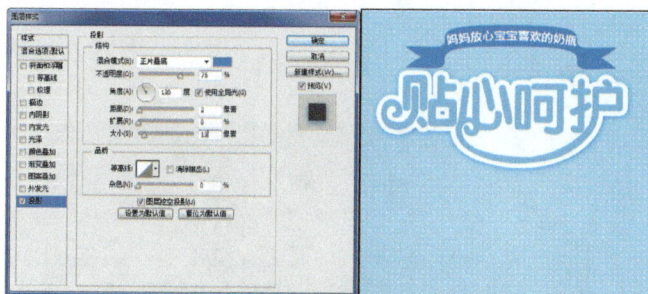

图9-49　添加投影图层样式

图9-50　添加详情页素材文件2

（6）按【Ctrl+J】组合键复制"图层3"，按【Ctrl+T】组合键调出变换框并右击，在弹出的快捷菜单中选择"水平翻转"命令，效果如图9-51所示。选择横排文字工具 T，输入相应的文字。打开"字符"面板，设置文字的各项参数，如图9-52所示。

图9-51　复制并调整图像

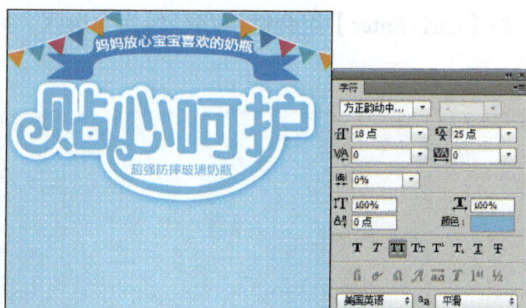

图9-52　输入详情页文字并设置文字参数2

（7）在弹出的"变形文字"对话框中设置各项参数，为文字添加变形效果，如图9-53所示。打开"03.png"和"04.png"素材文件，将它们拖入图像窗口中，适当调整其大小和位置，如图9-54所示。

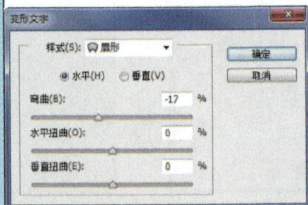

图9-53　变形文字2

图9-54　添加详情页素材文件3

（8）按【Ctrl+J】组合键复制多个云朵素材，然后调整它们到合适的位置，效果如图9-55所示。选择横排文字工具**T**，输入相应的文字。打开"字符"面板，设置文字的各项参数，如图9-56所示。

图9-55　复制素材

图9-56　输入详情页文字并设置文字参数3

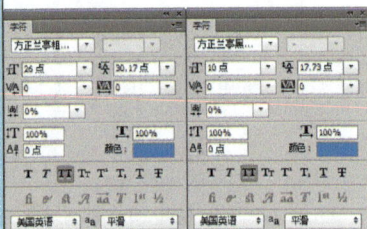

（9）继续输入其他相应的文字，新建"首图"图层组，将商品素材与相关的文字图层添加到图层组中，效果如图9-57所示。选择钢笔工具 ，在海报下方绘制一个闭合路径，按【Ctrl+Enter】组合键将路径转换为选区，如图9-58所示。

图9-57　管理并复制详情页图层1

图9-58　创建详情页选区1

（10）新建"图层6"，设置前景色为RGB（115，226，254），按【Alt+Delete】组合键填充选区，如图9-59所示。选择自定形状工具，绘制"窄边圆形边框"和"圆形"形状，设置其填充色为RGB（255，255，0），效果如图9-60所示。

图9-59　填充选区

图9-60　绘制详情页形状

（11）打开"05.png"素材文件，将其拖入图像窗口中，适当调整其大小和位置，如图9-61所示。选择横排文字工具T，输入相应的文字。打开"字符"面板，设置文字的各项参数，如图9-62所示。

图9-61　添加详情页素材文件4

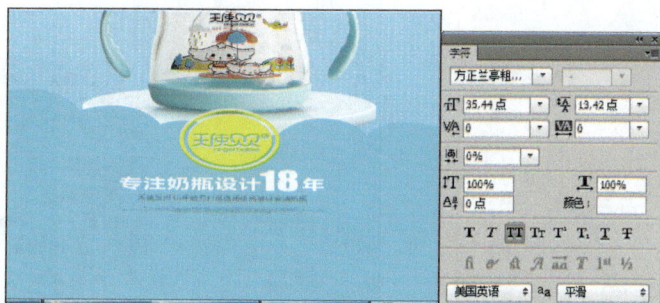

图9-62　输入详情页文字并设置文字参数4

（12）选择矩形工具，绘制一个白色边框，在"属性"面板中设置各项参数，如图9-63所示。选择椭圆工具，绘制一个正圆形，在"属性"面板中设置各项参数，如图9-64所示。

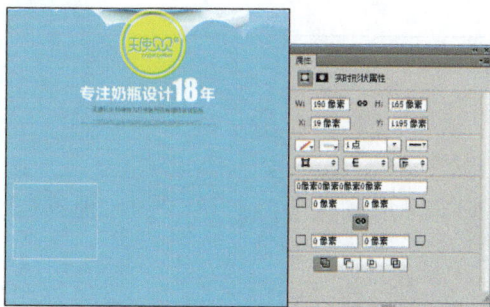

图9-63　绘制边框并设置边框参数

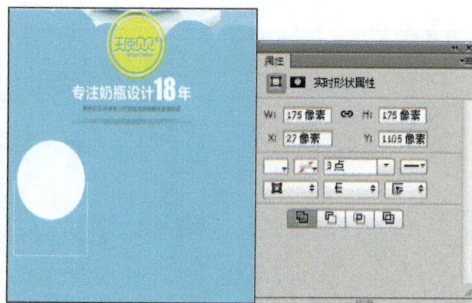

图9-64　绘制圆形并设置圆形参数

（13）单击"添加图层样式"按钮 fx.，在弹出的下拉菜单中选择"描边"选项，在弹出的"图层样式"对话框中设置各项参数，然后单击"确定"按钮，效果如图9-65所示。

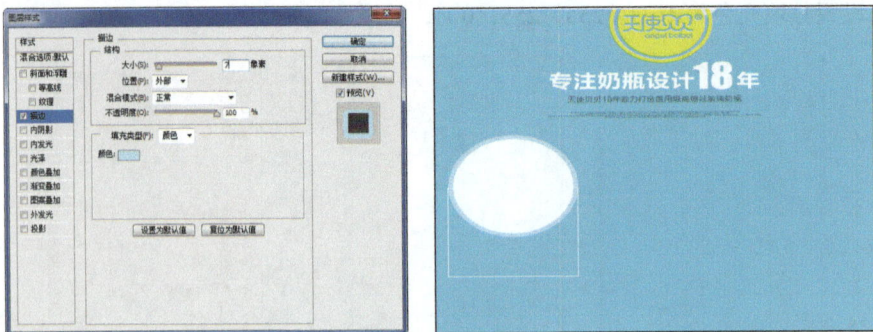

图9-65　添加描边

（14）打开"08.png"素材文件，将其拖入图像窗口中，适当调整其大小和位置。按【Ctrl+Alt+G】组合键创建剪贴蒙版，效果如图9-66所示。选择横排文字工具 T，输入相应的文字。打开"字符"面板，设置文字的各项参数，如图9-67所示。

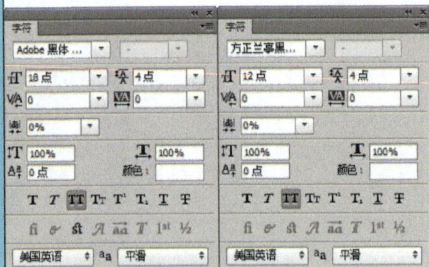

图9-66　添加详情页素材文件5

图9-67　输入详情页文字并设置文字参数5

（15）新建"设计1"图层组，将商品素材与相关的文字图层添加到图层组中，并复制图层组，调整其位置，如图9-68所示。更换各组中的素材文件和文字，效果如图9-69所示。

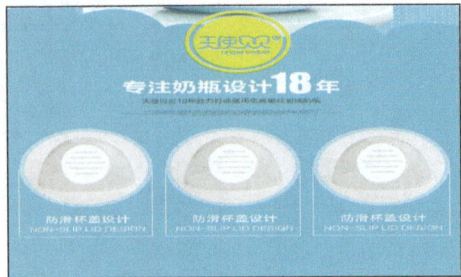

图9-68　管理并复制详情页图层2

图9-69　更换详情页素材和文字1

（16）选择钢笔工具 ✐ ，绘制一个闭合路径。按【Ctrl+Enter】组合键，将路径转换为选区，填充前景色RGB（227，245，255），效果如图9-70所示。选择横排文字工具 T ，输入相应的文字，打开"字符"面板，设置文字的各项参数，如图9-71所示。

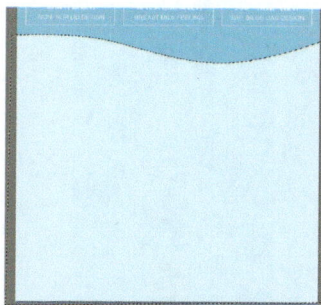

图9-70　创建详情页选区2

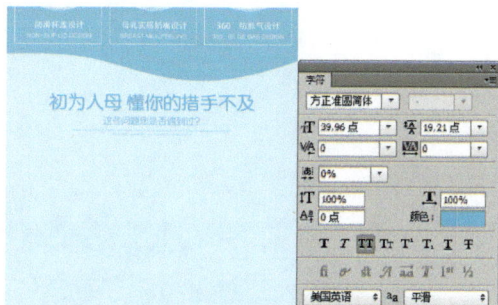

图9-71　输入详情页文字并设置文字参数6

（17）选择圆角矩形工具 ⬜ ，绘制一个图形，在"属性"面板中设置各项参数，其中颜色为白色，如图9-72所示。打开"**09.png**"素材文件，将其拖入图像窗口中，适当调整其大小和位置。按【Ctrl+Alt+G】组合键创建剪贴蒙版，效果如图9-73所示。

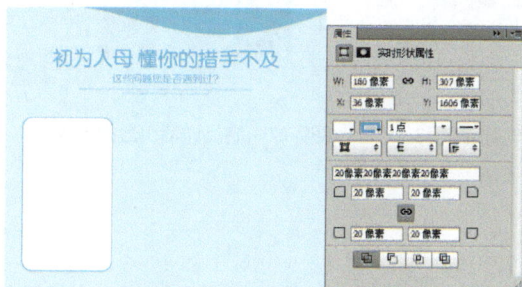

图9-72　绘制详情页圆角矩形

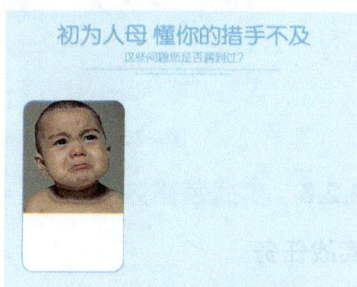

图9-73　添加详情页素材文件6

（18）选择椭圆工具 ⬤ ，绘制一个正圆形，在"属性"面板中设置各项参数，其中填充色为RGB（115，226，254），描边颜色为白色，如图9-74所示。使用横排文字工具 T 继续添加其他辅助文字，效果如图9-75所示。

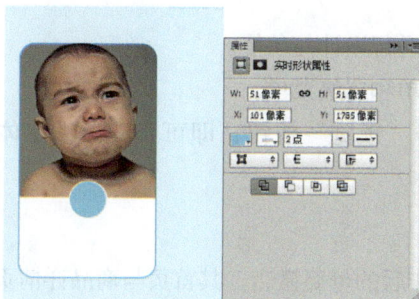

图9-74　绘制圆形

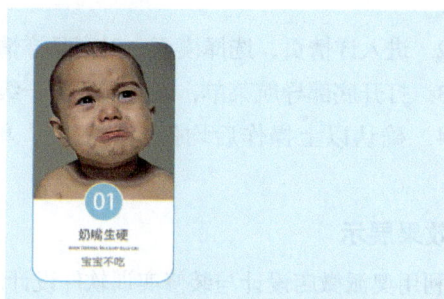

图9-75　输入详情页其他文字

（19）新建"01"图层组，将商品素材与相关的文字图层添加到图层组中，并复制图层组，调整其位置，如图9-76所示。更换各组中的素材文件和文字，即可得到最终效果，如图9-77所示。

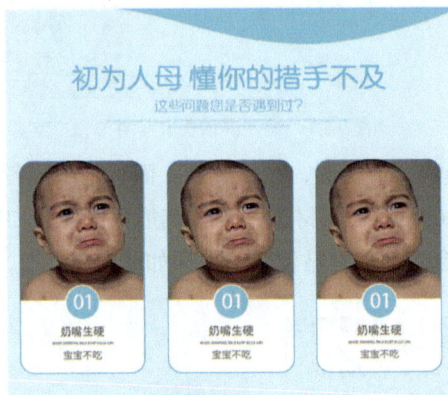

图9-76　管理并复制详情页图层3　　　　图9-77　商品详情页最终效果

9.2.6　实战装修效果展示

实战任务

以主营母婴商品的微店为设计对象，进行店铺首页导航、商品详情页、底部导航菜单等的设计与制作。

主要步骤

1. 打开奥派微店设计与装修实训软件，进入首页，选择模板和组件，进行首页规划设计。

2. 进入详情页，选择模板，对商品详情页进行设计与装修。

3. 打开底部导航菜单，设计并添加一级菜单和二级菜单。

4. 确认以上操作后均保存并提交，单击"预览"按钮，即可查看店铺整体装修效果。

效果展示

利用奥派微店设计与装修实训软件设计制作后的母婴微店，其首页与商品详情页的效果如图9-78、图9-79所示。

图9-78　首页装修效果　　　　　　图9-79　商品详情页效果

课后实操题

【练习知识要点】使用钢笔工具抠取商品素材，使用不同的绘图工具绘制各种形状，使用文字工具添加文字。

【素材所在位置】素材/第9章/制作婴儿湿巾详情页/01.png~07.png。

【效果所在位置】效果/第9章/制作婴儿湿巾详情页.psd，效果如图9-80所示。

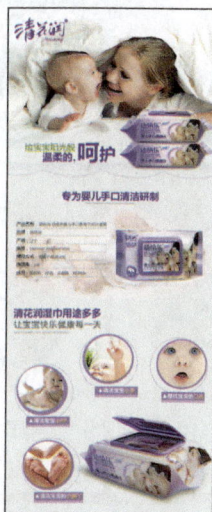

图9-80　婴儿湿巾详情页

第10章

美食微店设计装修案例实操

图10-1所示为经过设计和装修后的美食微店首页案例效果。

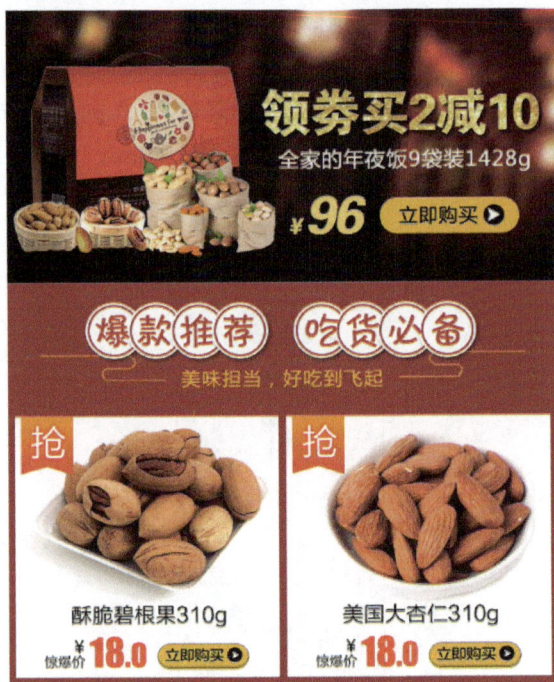

图10-1　美食微店首页

10.1　美食微店装修设计构思

本实例是为某品牌零食店铺设计制作首页效果，画面中使用大红色作为主色调，营造出一种浓浓的节日气氛，通过合理的布局使商品的层次更加清晰。

10.1.1　装修设计布局规划

本实例的布局如图10-2所示。

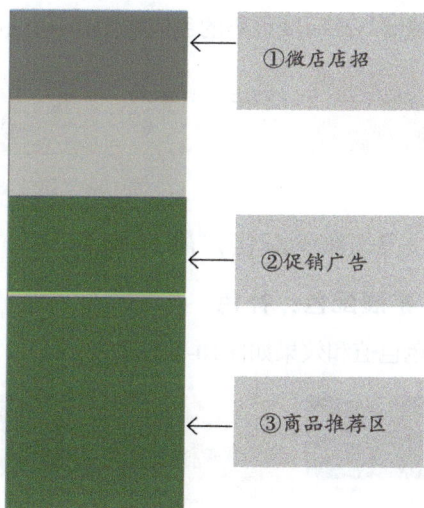

①微店店招：在店招模块中使用大红色作为主要页面背景，使用坚果素材和广告文字对其进行修饰和美化，突出店铺的销售商品。
②促销广告：该区域使用年味十足的红灯笼街景图片作为背景，避免纯色带来的单一、呆板的感觉，让画面内容显得更加饱满。
③商品推荐区：该区域使用相同大小的矩形对画面进行分割，让画面布局显得更加工整、更有条理。

图10-2　美食微店布局

10.1.2　主色调：暖色系

本案例使用大红色作为网页的主打色调，营造出热情、喜庆的感觉。而在设计元素的搭配上，也采用能迎合主色调红色的暖色调，使用黄色、橘红色等色彩对线条、标签等进行修饰，让整体画面的色彩搭配和谐、统一。

1. 页面背景及设计元素配色：暖色系

暖色系色值如图10-3所示。

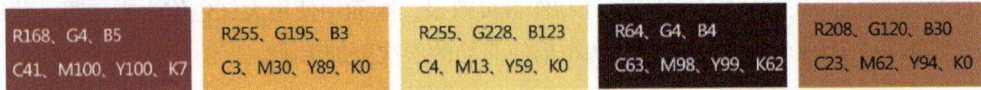

R168、G4、B5 C41、M100、Y100、K7	R255、G195、B3 C3、M30、Y89、K0	R255、G228、B123 C4、M13、Y59、K0	R64、G4、B4 C63、M98、Y99、K62	R208、G120、B30 C23、M62、Y94、K0

图10-3　暖色系

2. 商品及辅助配色：高纯度与高明度色彩

高纯度与高明度色彩的色值如图10-4所示。

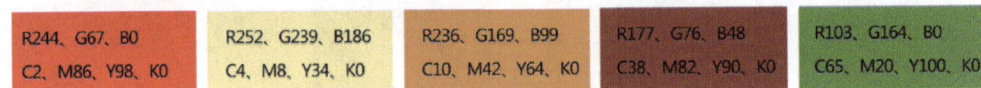

R244、G67、B0 C2、M86、Y98、K0	R252、G239、B186 C4、M8、Y34、K0	R236、G169、B99 C10、M42、Y64、K0	R177、G76、B48 C38、M82、Y90、K0	R103、G164、B0 C65、M20、Y100、K0

图10-4　高纯度与高明度色彩

▶▶ 10.1.3　案例配色扩展

1. 扩展配色：补色

补色色值和效果如图10-5所示。

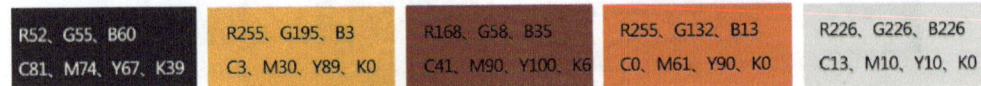

R52、G55、B60 C81、M74、Y67、K39	R255、G195、B3 C3、M30、Y89、K0	R168、G58、B35 C41、M90、Y100、K6	R255、G132、B13 C0、M61、Y90、K0	R226、G226、B226 C13、M10、Y10、K0

配色较多的使用了褐色、红色和黄色等暖色调，由于纯度较低，整体显得典雅、稳重，更能突显商品形象。

图10-5　补色

2. 扩展配色：高明度暖色系

高明度暖色系色值和效果如图10-6所示。

R1、G131、B189 C82、M42、Y14、K0	R152、G188、B54 C49、M14、Y91、K0	R255、G195、B3 C3、M30、Y89、K0	R255、G217、B194 C0、M22、Y23、K0	R244、G245、B229 C6、M3、Y14、K0

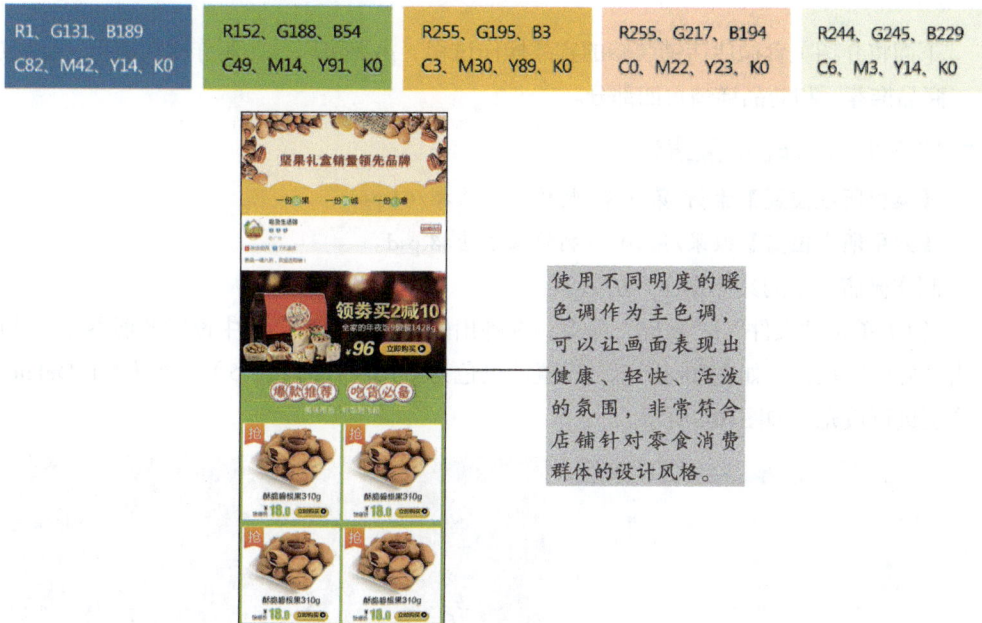

使用不同明度的暖色调作为主色调，可以让画面表现出健康、轻快、活泼的氛围，非常符合店铺针对零食消费群体的设计风格。

图10-6　高明度暖色系

▶▶ 10.1.4　案例设计流程

本案例的设计流程如图10-7所示。

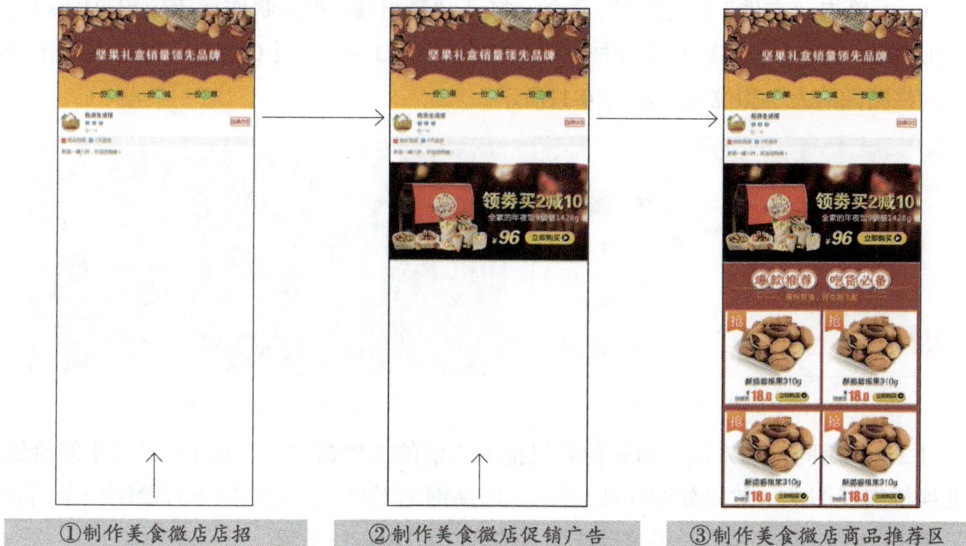

①制作美食微店店招　　②制作美食微店促销广告　　③制作美食微店商品推荐区

图10-7　美食微店案例设计流程

10.2 美食微店装修实战演练

下面将介绍美食微店店铺装修的实战操作过程，主要可以分为制作微店店招、促销广告、商品推荐区和商品详情页四部分。

10.2.1 制作微店店招

【素材所在位置】素材/第10章/制作微店店招/01.psd。

【效果所在位置】效果/第10章/制作微店店招.psd。

制作微店店招的具体操作方法如下。

（1）单击"文件"|"新建"命令，在弹出的"新建"对话框中设置各项参数，然后单击"确定"按钮，如图10-8所示。设置前景色为RGB（168，4，5），按【Alt+Delete】组合键进行填充，如图10-9所示。

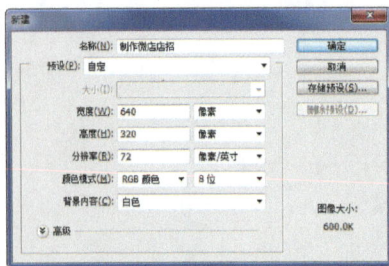

图10-8　新建店招文件　　　　　　　　　　图10-9　填充前景色

（2）单击"文件"|"打开"命令，打开"素材/第10章/制作微店店招/01.psd"文件，如图10-10所示。将素材文件拖入之前的文档窗口中，按【Ctrl+T】组合键调出变换框，调整图像的大小和位置，如图10-11所示。

图10-10　打开店招素材文件　　　　　　　图10-11　添加店招素材文件

（3）采用同样的方法，将其他素材拖入之前的文档窗口中。按【Ctrl+T】组合键调出变换框变换图像，效果如图10-12所示。选择钢笔工具，在店招下方绘制一个闭合路径，按【Ctrl+Enter】组合键将路径转换为选区，如图10-13所示。

图10-12 变换店招图像

图10-13 将路径转换为选区

（4）单击"创建新图层"按钮，新建一个图层。设置前景色为RGB（255，195，3），按【Alt+Delete】组合键进行填充，如图10-14所示。选择横排文字工具T，输入相应的文字。打开"字符"面板，设置文字的各项参数，如图10-15所示。

图10-14 填充店招选区

图10-15 输入店招文字并设置文字参数

（5）继续选择横排文字工具T，在图形上输入其他文字。在"字符"面板中设置文字的各项参数，将其中的"坚""真""心"三个字选中，设置字体颜色为白色，如图10-16所示。

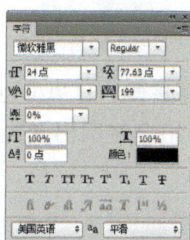

图10-16 输入店招其他文字并设置文字参数

（6）选择椭圆工具，绘制一个正圆形，在"属性"面板中设置各项参数，其中颜色为RGB（145，191，5），如图10-17所示。复制两个圆形图像并移到合适的位置，然后拖动图层到文字的下方，最终效果如图10-18所示。

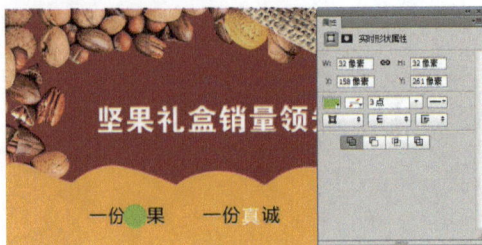

图10-17　绘制店招中的圆形

图10-18　复制圆形

10.2.2　制作促销广告

【素材所在位置】素材/第10章/制作零食微店首页/01.jpg~05.jpg。

【效果所在位置】效果/第10章/制作零食微店首页.psd。

制作促销广告的具体操作方法如下。

（1）单击"文件"|"新建"命令，在弹出的"新建"对话框中设置各项参数，然后单击"确定"按钮，如图10-19所示。选择矩形工具▭，绘制一个矩形，在"属性"面板中设置各项参数，如图10-20所示。

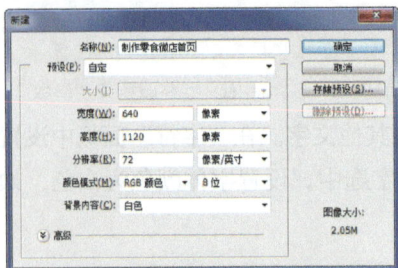

图10-19　新建促销广告文件

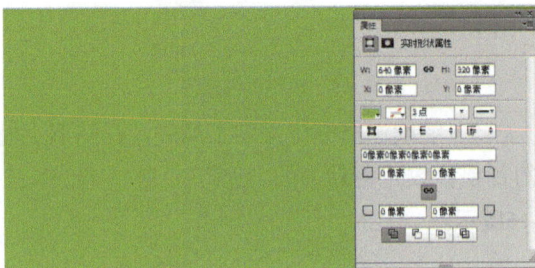

图10-20　绘制促销广告中的矩形

（2）按【Ctrl+O】组合键，打开"素材/第10章/制作零食微店首页/01.jpg"文件，如图10-21所示。将素材文件拖入图像窗口中，按【Ctrl+T】组合键调出变换框，调整其大小，按【Alt+Ctrl+G】组合键创建剪贴蒙版，如图10-22所示。

图10-21　打开促销广告素材文件

图10-22　变换促销广告图像1

（3）单击"滤镜"|"模糊"|"高斯模糊"命令，在弹出的"高斯模糊"对话框中设

置"半径"为6像素，然后单击"确定"按钮，如图10-23所示。

图10-23　模糊促销广告图像

（4）打开"02.jpg"素材文件，选择钢笔工具 ✎，沿着商品绘制路径，按【Ctrl+Enter】组合键将路径转换为选区，如图10-24所示。将选区内的图像拖入图像窗口中，按【Ctrl+T】组合键调出变换框，调整图像的大小和位置，如图10-25所示。

图10-24　抠取促销广告图像

图10-25　变换促销广告图像2

（5）打开"03.png"素材文件，将其拖入图像窗口中。按【Ctrl+T】组合键调出变换框，调整图像的大小和位置，如图10-26所示。选择横排文字工具 T，输入相应的文字。打开"字符"面板，设置文字的各项参数，其中颜色为RGB（255，228，121），如图10-27所示。

图10-26　添加促销广告素材文件

图10-27　输入促销广告文字并设置文字参数

（6）单击"图层"面板下方的"添加图层样式"按钮 fx，在弹出的下拉菜单中选择"投影"选项，在弹出的"图层样式"对话框中设置各项参数，然后单击"确定"按钮，如图10-28所示。

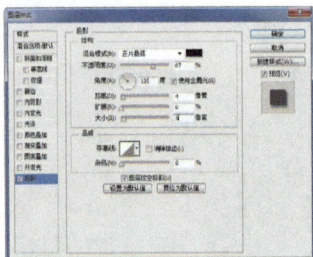

图10-28　添加促销广告投影

（7）打开"04.jpg"素材文件，将其拖入图像窗口中，按【Alt+Ctrl+G】组合键创建剪贴蒙版，如图10-29所示。

图10-29　创建剪贴蒙版

（8）选择横排文字工具**T**，输入相应的文字。打开"字符"面板，设置文字的各项参数，如图10-30所示。

图10-30　输入促销广告其他文字并设置文字参数

（9）选择圆角矩形工具 ▭，绘制一个圆角矩形，在"属性"面板中设置各项参数，其中颜色为RGB（255，208，21），如图10-31所示。

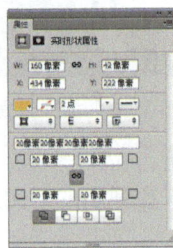

图10-31　绘制圆角矩形

（10）选择椭圆工具 ⬭，绘制一个小的圆形，设置填充色为黑色，选择自定形状工具 🖈，绘制一个"箭头6"形状，设置填充色为白色，效果如图10-32所示。

图10-32　绘制其他形状

10.2.3　制作商品推荐区

制作商品推荐区的具体操作方法如下。

（1）选择矩形工具 ▮，在促销广告下方绘制一个矩形形状，在"属性"面板中设置各项参数，其中填充色为RGB（185，22，23），如图10-33所示。

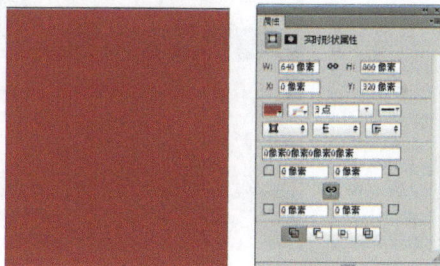

图10-33　绘制推荐区矩形

（2）选择画笔工具 🖌，选择"粉笔11像素"笔尖形状，按【F5】键打开"画笔"面板，设置各项参数，如图10-34所示。

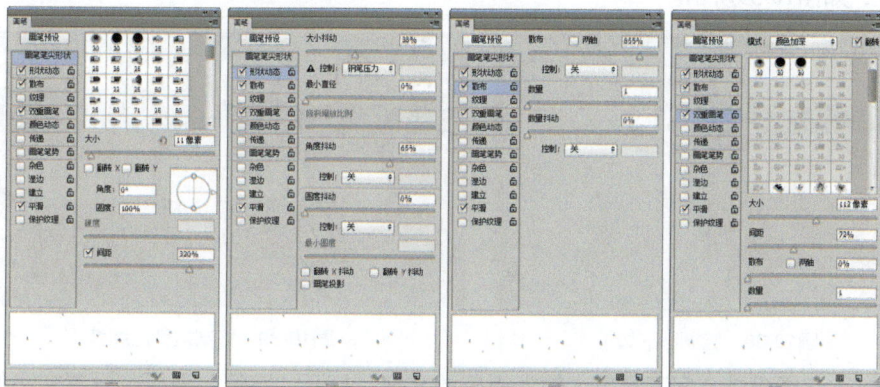

图10-34　设置画笔属性1

（3）单击"创建新图层"按钮🔲，新建一个图层。设置前景色为RGB（192，154，3），拖动鼠标进行绘制，效果如图10-35所示。选择椭圆工具⬭，绘制一个正圆形，在"属性"面板中设置各项参数，如图10-36所示。

图10-35　绘制装饰图像

图10-36　绘制推荐区圆形

（4）单击"添加图层样式"按钮*fx*，在弹出的下拉菜单中选择"投影"选项，在弹出的"图层样式"对话框中设置各项参数，然后单击"确定"按钮，如图10-37所示。

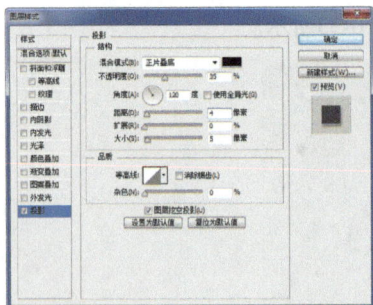

图10-37　添加推荐区投影

（5）选择椭圆工具⬭，绘制一个正圆形边框，在"属性"面板中设置各项参数，如图10-38所示。选中绘制的圆形和圆环，按【Ctrl+J】组合键将其复制多个，然后调整它们的位置，如图10-39所示。

图10-38　绘制圆形边框

图10-39　复制推荐区图像

（6）选择横排文字工具**T**，输入相应的文字。打开"字符"面板，设置文字的各项参数，如图10-40所示。

图10-40　输入推荐区文字并设置文字参数1

（7）选择钢笔工具，绘制一条曲线路径，如图10-41所示。单击"创建新图层"按钮，新建一个图层。设置前景色为RGB（255，208，21），选择画笔工具，选择"硬边圆"笔尖形状，设置"大小"为2像素，如图10-42所示。

图10-41　绘制路径1

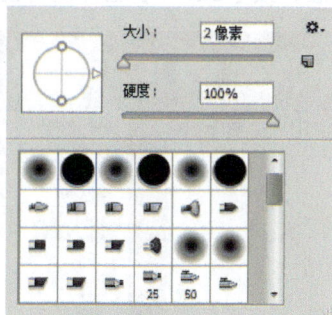

图10-42　设置画笔属性2

（8）打开"路径"面板，单击"用画笔描边路径"按钮，对路径进行描边，效果如图10-43所示。将线条图像进行复制，按【Ctrl+T】组合键调出变换框并右击，在弹出的快捷菜单中选择"水平翻转"命令，并将其移到合适的位置，如图10-44所示。

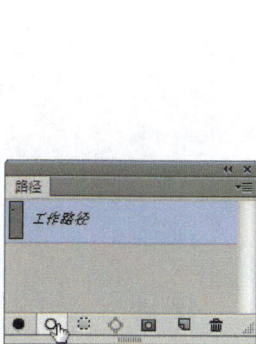

图10-43　用画笔描边路径

图10-44　复制并变换图像

（9）将线条图层拖到圆形图像下方，选择横排文字工具 T，输入相应的文字。打开"字符"面板，设置文字的各项参数，如图10-45所示。

图10-45　输入推荐区文字并设置文字参数2

（10）选择矩形工具 ■，绘制一个正方形，在"属性"面板中设置各项参数，如图10-46所示。打开"05.jpg"素材文件，将其拖入图像窗口中。按【Alt+Ctrl+G】组合键创建剪贴蒙版，按【Ctrl+T】组合键调整图像到合适的大小，如图10-47所示。

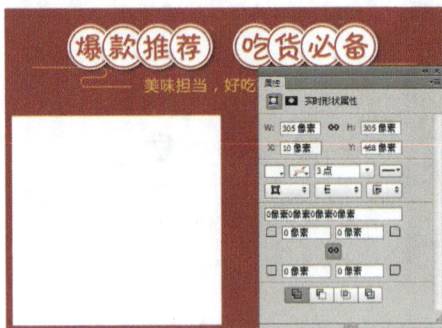

图10-46　绘制正方形

图10-47　添加推荐区素材文件

（11）选择钢笔工具 ✎，绘制一条闭合路径。按【Ctrl+Enter】组合键，将路径转换为选区，如图10-48所示。单击"创建新图层"按钮 ◰，新建一个图层，填充前景色，如图10-49所示。

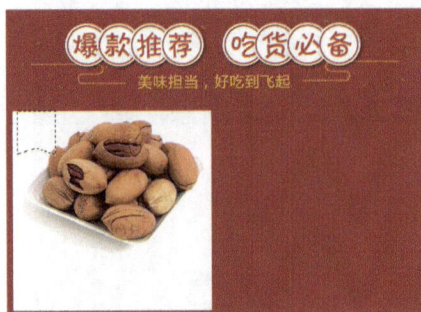

图10-48　绘制路径2

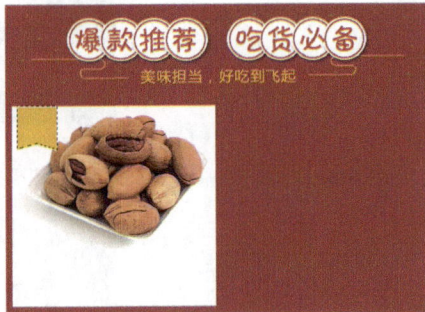

图10-49　填充推荐区选区

（12）单击"图层"面板下方的"添加图层样式"按钮 _fx_，在弹出的下拉菜单中选择"渐变叠加"选项，在弹出的"图层样式"对话框中设置各项参数，其中渐变色为RGB（255，174，0）到RGB（252，95，64），然后单击"确定"按钮，如图10-50所示。

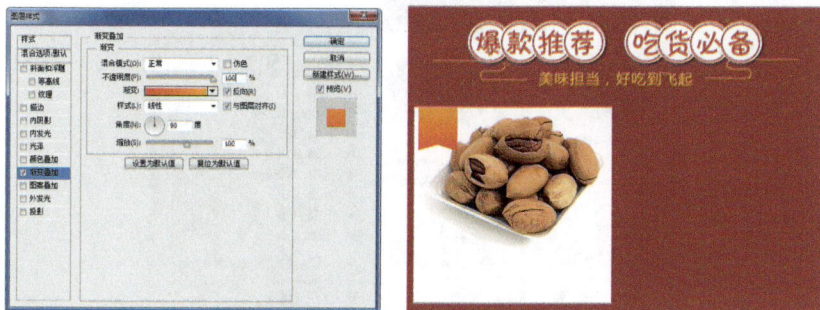

图10-50　添加渐变叠加图层样式

（13）选择横排文字工具 **T**，输入相应的文字。打开"字符"面板，设置文字的各项参数，如图10-51所示。双击该文本图层，在弹出的"图层样式"对话框中设置各项参数，其中颜色为RGB（255，0，0），如图10-52所示。

图10-51　输入推荐区文字并设置文字参数3

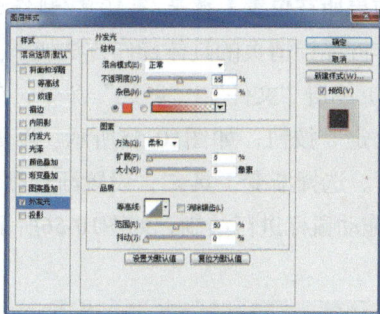

图10-52　添加外发光效果

（14）使用横排文字工具 **T** 继续添加其他的辅助文字，然后将之前绘制的"立即购买"按钮相关图层进行复制，并调整其位置和大小，效果如图10-53所示。

图10-53　输入推荐区其他文字并设置文字参数

（15）新建"商品"图层组，将商品素材图片与相关的文字图层添加到图层组中，并复制多个图层组，调整其位置，效果如图10-54所示。

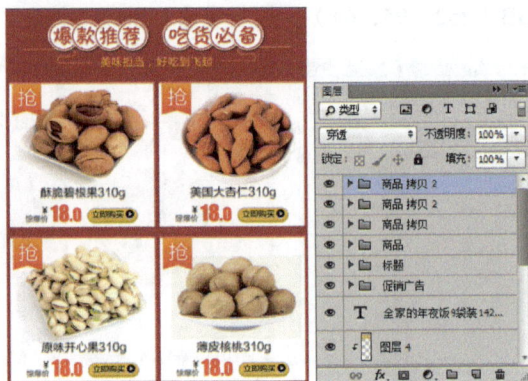

图10-54　管理并复制推荐区图层

10.2.4　制作商品详情页

【素材所在位置】素材/第10章/制作水果详情页/01.jpg～10.jpg。

【效果所在位置】效果/第10章/制作水果详情页.psd。

制作商品详情页的具体操作方法如下。

（1）单击"文件"|"新建"命令，在弹出的"新建"对话框中设置各项参数，然后单击"确定"按钮，如图10-55所示。新建"图层1"，选择矩形选框工具 ，绘制一个矩形选区。选择渐变工具 ，设置渐变颜色为RGB（206，64，67）到RGB（238，167，141），拖动鼠标进行绘制，如图10-56所示。

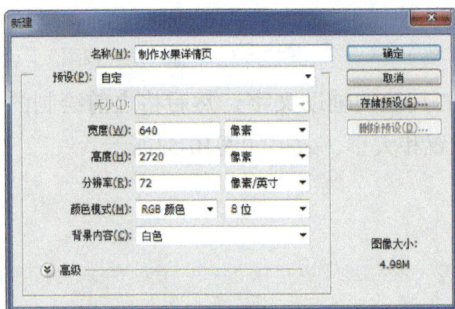

图10-55　新建详情页文件

图10-56　填充矩形选区

（2）打开"01.jpg"素材文件，将其拖入图像窗口中。按【Ctrl+T】组合键，调出变换框并右击，在弹出的快捷菜单中选择"透视"命令，将图像进行变形，效果如图10-57所示。选择钢笔工具 ，在素材下方绘制一个闭合路径。按【Ctrl+Enter】组合键，将路径转换为选区，如图10-58所示。

图10-57　变换详情页图像1

图10-58　创建详情页选区1

（3）单击"添加图层蒙版"按钮 ▣ ，隐藏多余的部分图像，如图10-59所示。打开
"02.jpg"素材文件，选择钢笔工具 ✍ ，沿着苹果绘制路径。按【Ctrl+Enter】组合键，将
路径转换为选区，将其抠取出来，如图10-60所示。

图10-59　添加图层蒙版

图10-60　抠取详情页图像1

（4）将选区内的图像拖入图像窗口中，调整其大小后拖到合适的位置，如图10-61所
示。选择钢笔工具 ✍ ，在苹果下方绘制一个闭合路径，然后将其转换为选区，如图10-62
所示。

图10-61　变换详情页图像2

图10-62　创建详情页选区2

（5）新建"图层4"，选择渐变工具▣，设置渐变色为黑色到透明色，拖动鼠标绘制渐变色，如图10-63所示。将"图层4"拖到"图层3"的下方，设置其图层"不透明度"为85%，如图10-64所示。

图10-63　绘制渐变色

图10-64　设置图层不透明度

（6）选择横排文字工具T，输入相应的文字。打开"字符"面板，设置文字的各项参数，如图10-65所示。

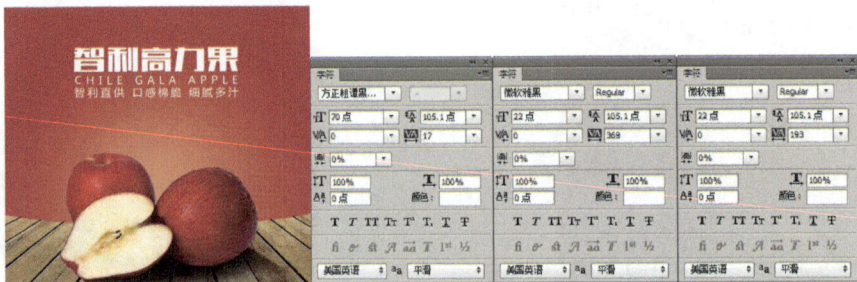
图10-65　输入详情页文字并设置文字参数1

（7）打开"03.jpg"素材文件，采用同样的方法，使用钢笔工具✐抠取切开的苹果，如图10-66所示。将选区内的图像拖入图像窗口中，将其水平翻转后调整位置和大小，如图10-67所示。

图10-66　抠取详情页图像2

图10-67　变换详情页图像3

（8）选择仿制图章工具▣，将果壳部分涂抹掉，效果如图10-68所示。将切开的苹果图像复制两个，按【Ctrl+T】组合键分别调整它们的位置和大小，如图10-69所示。

图10-68　涂抹部分图像

图10-69　复制详情页图像1

（9）选择右上角的苹果图像，单击"滤镜"｜"模糊"｜"高斯模糊"命令，在弹出的"高斯模糊"对话框中设置"半径"为2像素，单击"确定"按钮，如图10-70所示。打开"04.jpg"素材文件，使用魔棒工具 在背景上单击创建选区，按【Ctrl+Shift +I】组合键反选选区，如图10-71所示。

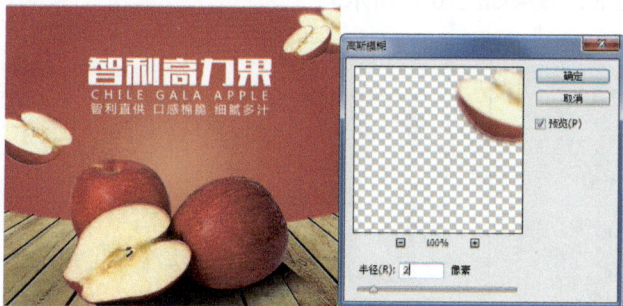

图10-70　模糊详情页图像1

图10-71　选取图像

（10）将选区内的图像拖入图像窗口中，调整其位置和大小。单击"图像"｜"调整"｜"亮度/对比度"命令，在弹出的对话框中设置各项参数，然后单击"确定"按钮，如图10-72所示。单击"滤镜"｜"模糊"｜"动感模糊"命令，在弹出的对话框中设置各项参数，然后单击"确定"按钮，如图10-73所示。

图10-72　调整图像亮度

图10-73　模糊详情页图像2

（11）将绿叶素材复制多个，并调整它们的位置和大小，如图10-74所示。新建"首图"图层组，将商品素材图片与相关的文字图层添加到图层组中，如图10-75所示。

图10-74　复制详情页图像2

图10-75　创建图层组

（12）选择矩形工具▢，绘制一个矩形边框，在"属性"面板中设置各项参数，如图10-76所示。继续绘制一个白色矩形，效果如图10-77所示。

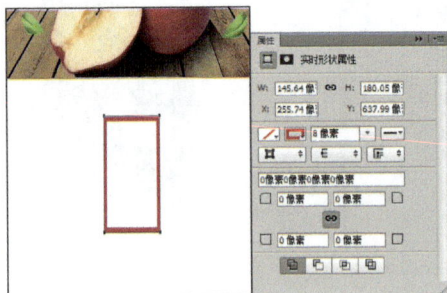

图10-76　绘制矩形边框

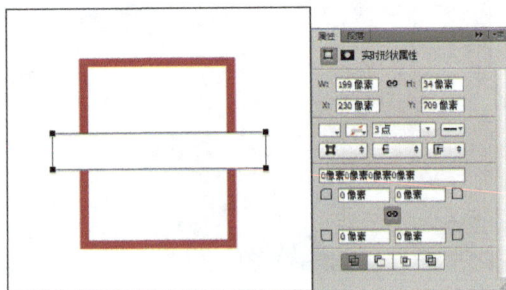

图10-77　绘制白色矩形

（13）选择横排文字工具**T**，输入相应的文字。打开"字符"面板，设置文字的各项参数，如图10-78所示。

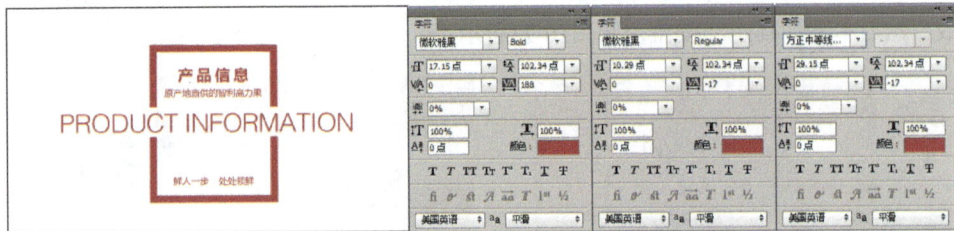

图10-78　输入详情页文字并设置文字参数2

（14）复制一个水果图像，缩小后拖到合适的位置，如图10-79所示。选择矩形工具▢，绘制一个小矩形。使用横排文字工具**T**继续添加商品信息文字，效果如图10-80所示。

图10-79　变换详情页图像4　　　　图10-80　输入详情页其他文字并设置文字参数

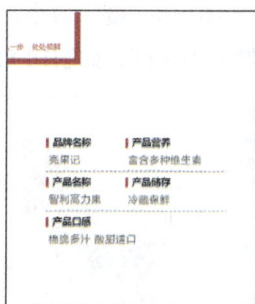

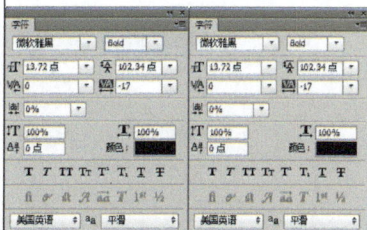

（15）新建"标题"和"产品信息"图层组，将商品素材图片与相关的文字图层添加到图层组中，然后复制"标题"图层组，并调整其位置，如图10-81所示。根据需要更改"标题 拷贝"图层组中相应的文字，效果如图10-82所示。

图10-81　管理并复制详情页图层1　　　　图10-82　更改详情页素材和文字

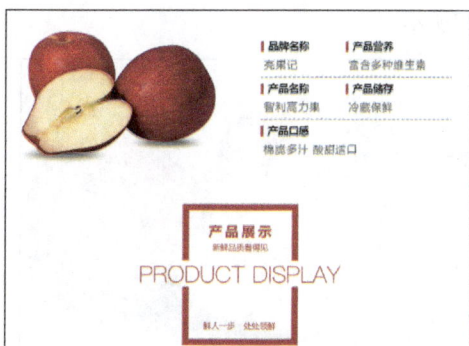

（16）新建一个图层，选择钢笔工具，绘制一个闭合路径，然后将其转换为选区后填充黑色，如图10-83所示。打开"02.jpg"素材文件，将其拖入图像窗口中，调整其大小，按【Alt+Ctrl+G】组合键创建剪贴蒙版，如图10-84所示。

图10-83　创建并填充选区　　　　图10-84　添加详情页素材文件

（17）单击"图像"|"调整"|"色相/饱和度"命令，在弹出的对话框中设置各项参数，然后单击"确定"按钮，增加图像的饱和度，如图10-85所示。

图10-85　调整图像饱和度

（18）选择椭圆工具◯，绘制一个正圆形，在"属性"面板中设置各项参数，如图10-86所示。选择直接选择工具▷，选择并拖动圆形下方的锚点，调整其形状，效果如图10-87所示。

图10-86　绘制正圆形　　　　　　　　图10-87　调整圆形形状

（19）使用横排文字工具 T 输入相应的文字，在"字符"面板中设置各项参数，如图10-88所示。

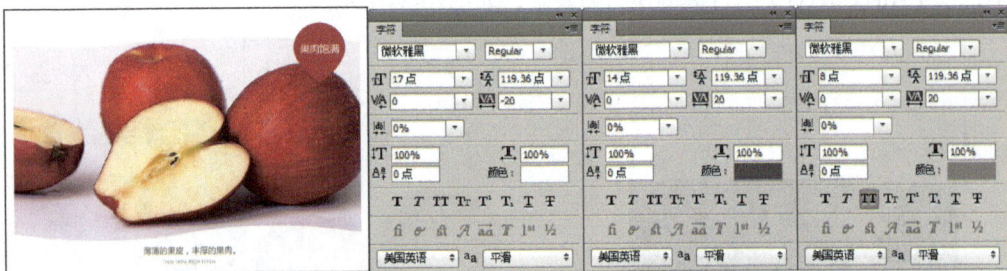

图10-88　输入详情页文字并设置文字参数3

（20）新建"产品展示"图层组，将商品素材图片与相关的文字图层添加到图层组中，并复制图层组，调整其位置，如图10-89所示。更换图层组中的图片素材和相关文字，即可得到最终效果，如图10-90所示。

图10-89　管理并复制详情页图层2　　　　图10-90　更换详情页素材和文字

10.2.5　实战装修效果展示

实战任务

以主营美食商品的微店为设计对象，进行店铺首页、商品详情页、底部导航菜单等的设计与制作。

1. 打开奥派微店设计与装修实训软件，进入首页，选择模板和组件，进行首页规划设计。

2. 进入详情页，选择模板，对商品详情页进行设计与装修。

3. 打开底部导航菜单，设计并添加一级菜单和二级菜单。

4. 确认以上操作后均保存并提交，单击"预览"按钮，即可查看店铺整体装修效果。

效果展示

利用奥派微店设计与装修实训软件设计制作后的美食微店，其首页与商品详情页的效果如图10-91、图10-92所示。

图10-91　首页装修效果

图10-92　商品详情页效果

课后实操题

【练习知识要点】使用钢笔工具抠取商品图像，使用不同的绘图工具绘制各种形状，使用文字工具添加相应的文字，使用剪贴蒙版添加商品图片。

【素材所在位置】素材/第10章/制作饼干微店首页/01.jpg~09.jpg。

【效果所在位置】效果/第10章/制作饼干微店首页.psd，效果如图10-93所示。

图10-93　饼干微店首页

附录

微店设计与装修优秀作品展示

1. 以餐饮外卖行业为背景，微店首页及商品详情页等设计与制作作品。

2. 以旅游行业为背景，微店首页及商品详情页等设计与制作作品。

3. 以女装及相关产品为经营范围，微店首页及商品详情页等设计与制作作品。

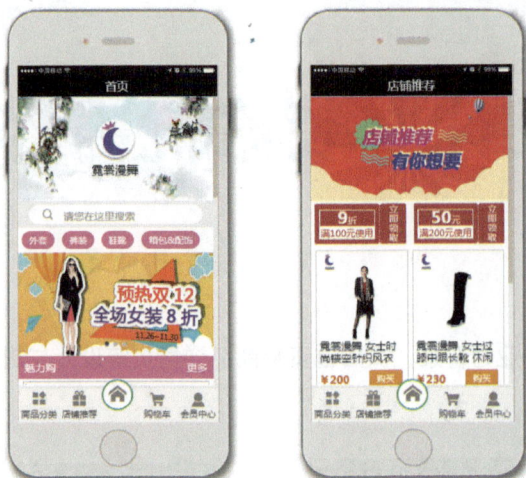

4. 以男装及相关产品为经营范围，微店首页及商品详情页等设计与制作作品。

说明：上述作品都是通过奥派的软件平台完成的。